Face à l'effroi

Collection *Le Monde en soi*
créée par Denis Lafay

Douze observateurs du monde face
à l'effroi du vide, de l'inconnu,
de l'écroulement, de l'ingouvernabilité,
de l'extrême droite, face à l'effroi
du chaos démocratique provoqué par
la dissolution de l'Assemblée nationale
et qui est promis à s'étendre bien
au-delà du 7 juillet 2024.

www.editionsdelaube.com

ISBN 978-2-8159-6456-2

Denis Lafay

Face à l'effroi

9 juin - 7 juillet

Un mois pour comprendre et espérer

Préface d'Edgar Morin

Postface de Laurent Berger

éditions de l'aube

Mieux nous comprendre et mieux comprendre le monde

Edgar Morin

J'ai attendu d'avoir 28 ans pour acquérir – j'espère pour toujours – un esprit de résistant. « L'année a perdu son printemps, la jeunesse a perdu sa fleur », prononça Périclès en hommage aux jeunes combattants morts sur le champ de bataille. Cette locution me replonge quatre-vingts ans en arrière, en mémoire de mes amis résistants assassinés dans le maquis, dans les salles de torture ou dans les camps de la mort. La guerre en Ukraine, le délire impérialiste qui frappe tant de dirigeants politiques sur la planète, démontrent que les tragédies se succèdent. Aucune ne ressemble à une autre, car toutes convoquent des histoires politiques, des enjeux géographiques, des rivalités ethniques, des adversités religieuses distinctes. Ce qui, en revanche, semble se répéter invariablement, c'est l'inconscience des gouvernants et le somnambulisme des peuples lorsqu'on vit et qu'on subit la course vers les désastres.

Avant-hier, la résistance s'opposait à l'occupant nazi ; plus près de nous, elle s'est concentrée sur la vieille barbarie de haine et de mépris amplifiée par la nouvelle barbarie du calcul, du chiffre et du profit déchaîné. Aujourd'hui, la nouvelle résistance est d'abord celle de l'esprit face aux mensonges, aux illusions, aux hystéries collectives qui constituent une immense défaite pour l'humanité et que l'extrême droite, en France, en Europe et aux États-Unis, instrumentalise sans limites.

La nouvelle résistance prend le parti d'Eros, la puissance créatrice, contre Polemos et Thanatos, qui symbolisent la guerre et les pulsions de mort. Elle poursuit un objectif: sauver le genre humain de lui-même. Et pour cela recourt à des oasis de fraternité. Cette même fraternité que je suis heureux de lire en tête des desseins prioritaires exprimés par Laurent Berger, dans son entretien conclusif du livre.

Aujourd'hui plus que jamais, je crois en la nécessité vitale d'une *nouvelle voie* fondée sur une *nouvelle pensée* sur le monde, la vie, l'homme, l'histoire. Monde physique et monde biologique et humain sont exposés au conflit permanent entre les forces d'union et celles de conflit et de destruction. La nature subit des déterminismes, mais elle est riche aussi des forces d'organisation et de création, visibles d'une part dans l'extraordinaire diversité des espèces végétales et animales, d'autre part dans les créations techniques et artistiques de l'humanité.

L'être humain n'est pas que rationnel (*sapiens*) il est aussi délirant (*demens*). Il n'est pas que technicien (*faber*), il est aussi voué aux mythes et aux religions. Il n'est pas mû que par l'intérêt personnel (*Homo œconomicus*), il peut l'être aussi par l'esprit du don ou celui du jeu. Toute politique devrait se fonder sur cette connaissance complexe et élaborer la *voie nouvelle*, meilleur rempart au néo-autoritarisme.

Enfin, cette *voie nouvelle* qui émane d'une *nouvelle résistance* pave la *nouvelle démocratie* érigée en priorité des textes de ce recueil. Les témoignages, les expertises, les convictions que partagent Denis Lafay et la dizaine de contributeurs en dialogue avec lui convergent vers le besoin viscéral, capital, d'une démocratie renouvelée. Cette démocratie écarte la tentation de la haine et de l'hystérie qui ont gangrené le débat public et politique, et pour cela elle compte sur le débat constructif et sur le compromis. À cette condition, on aurait le droit d'espérer.

Face à l'effroi, une nouvelle démocratie

Denis Lafay

Cent quarante-trois sièges pour le Rassemblement national et ses alliés sur les 577 que recense l'Assemblée nationale. Le 7 juillet au soir, le choc était grand, mais la détente et même la délivrance dominaient. « Ouf », avaient ressenti la majorité de Français hostiles au RN et pétrifiés à la perspective d'une passation de pouvoir entre Gabriel Attal et Jordan Bardella sur le perron de Matignon. Ouf, après l'état de sidération dans lequel la dissolution de l'Assemblée nationale décrétée par le chef de l'État au soir du 9 juin les avait instantanément précipités. Ouf, après quatre semaines d'une campagne électorale éclair, électrique, éruptive, qui avait enflammé le débat politique, écharpé la délibération publique, et parfois déchiré familles, amitiés, groupes de travail. Ouf, certes. Toutefois, le soulagement ne pouvait être que bref répit : depuis, l'effroi s'est mué en vide, mais il stationne et prépare déjà son retour.

Le triomphalisme de posture qu'exprimaient le soir même les caciques des forces républicaines – déjà en campagne pour composer le gouvernement – ne doit tromper personne :

sans la nature du scrutin et la digue de sable érigée entre les deux tours par l'arc républicain, le Rassemblement national (et ses alliés) aurait peut-être raflé la majorité absolue. Son score *relatif* est contenu, mais le décompte *absolu* est sans appel: 37 % des voix (contre 25 % pour le Nouveau Front populaire et ses… 182 élus), 10 151 896 bulletins.

Peut-être cet inventaire asymétrique forme-t-il d'ailleurs le piège le plus sournois: rasséréner dans l'excès, se satisfaire d'un front républicain en trompe-l'œil qui a déversé un flot de suffrages factices et désabusés, éloigner du débat public les colères contenues dans le vote RN, et laisser le parti d'extrême droite poursuivre son enracinement. Jusqu'au coup suivant qui, lui, pourrait connaître un funèbre achèvement.

Le soulagement ne pouvait être que fugace, parce que la nouvelle configuration de l'Assemblée nationale, compartimentée en trois blocs imperméables les uns aux autres – et eux-mêmes lacérés de désunions programmatiques ou idéologiques –, conjecture une quasi-ingouvernabilité législative. L'exécutif gouvernemental qui en résultera présage une hétérogénéité difficilement compatible avec d'autres ambitions que celle de « gérer l'écume ». L'isolement dans lequel son geste « fou » de dissoudre, seul et impétueusement, l'Assemblée *française* au soir d'une défaite *européenne* l'a encagé promet au chef de l'État la traversée d'un désert inhospitalier et une cohabitation potentiellement volcanique… ou atone. Le score honorable obtenu par sa formation lui doit bien moins qu'aux alliances républicaines de circonstance. Comment Emmanuel Macron réagira-t-il et même survivra-t-il au *fait*, bien réel, d'être seul, dépossédé de son pouvoir, honni d'une majorité de la population, « auteur » d'une tragédie démocratique qu'absolument *rien* ne justifiait, dans l'extrême précipitation et à quelques semaines de l'ouverture des Jeux olympiques ? Tragédie démocratique découvrant un « inconnu » économique, social, sociétal, environnemental, géopolitique dont le pays, la société et chaque citoyen se seraient bien passés.

Le soulagement ne pouvait être que furtif, car l'hydre d'extrême droite a déployé ses tentacules sur *toute* la France ; dans chaque territoire, au sein de chaque catégorie socio-professionnelle, à l'intérieur de chaque génération, la stratégie de normalisation initiée par Marine Le Pen, relayée par Jordan Bardella, cimentée depuis 2022 par quatre-vingt-huit députés aux ordres, a fait mouche. Et elle a profité de l'hystérie, des outrances, des dérapages antisémites proférés à l'autre extrémité du registre parlementaire, dans le camp de La France insoumise. Personne n'est dupe : le couronnement pourrait n'être qu'une question de temps. La marche en avant du bulldozer d'extrême droite semble irrépressible, profitant d'un double ralliement : celui, politique, des factieux de LR ou de Reconquête ! ; celui, bien plus cardinal, des dix millions d'électeurs. Lesquels, en nombre, pensent le RN affranchi de ses oripeaux racistes, antisémites, nationalistes, europhobes, liberticides, autocrates ; estiment trouver au RN la considération pour leurs difficultés que l'offre républicaine « traditionnelle » a négligées, voire méprisées; croient le RN lorsqu'il désigne à leurs maux des responsables qu'il promet de pourchasser.

Mais il est un leurre de circonscrire le suffrage RN au seul *réflexe de protestation*: il est devenu aussi une *démarche d'adhésion*. Adhésion qui traduit les « malaises » de l'époque, suggérés par l'inconfort et les frustrations du consumérisme, par les inégalités (sociales, patrimoniales, territoriales), par l'ivresse capitaliste insuffisamment régulée, par l'affolement du temps, par l'insaisissable (et, pour beaucoup, effrayante) suprématie technologique, par l'épouvante climatique, par des pratiques managériales et sociales parfois délétères… qu'on peut regrouper dans un *déficit abyssal de démocratie*.

*

Au matin du 10 juin, je saisis que nous ouvrons un moment historique de notre démocratie, qui va s'étirer jusqu'au soir du 7 juillet. Un moment en conclusion duquel le *déficit abyssal de démocratie* peut laisser la place à l'*empoisonnement de la démocratie*, voire à la *disparition de la démocratie*. Ce moment, il *faut* le déchiffrer, le disséquer, le positionner dans la conjoncture politique et dans l'époque. Il *faut* alerter sur les menaces consubstantielles au programme du Rassemblement national, mais il *faut* aussi ausculter les raisons

– et les racines – de sa popularité, car elles correspondent à une réalité. « Dans la crise », il *faut* déjà penser un rebond, dessiner une résistance, élaborer une contre-attaque.

Il *faut* comprendre. Et imaginer un avenir – quelle que soit, d'ailleurs, la configuration institutionnelle qui sortira des urnes.

Il *faut* fixer dans la mémoire l'émotion et l'expertise qu'une dizaine de témoins libres, tour à tour révoltés, courageux, stoïques, combatifs, désespérés, vaillants, acceptent d'exprimer. Le marathon aura pour scène *La Tribune*, et les contributeurs seront sociologues (François Dubet et Dominique Méda), philosophe (Roger-Pol Droit), criminologue (Alain Bauer), économiste (Françoise Benhamou), technopolitiste (Asma Mhalla), dirigeants (Thierry Beaudet et Pascal Demurger), neuropsychiatre (Boris Cyrulnik). Une sélection d'éditoriaux et de tribunes que j'ai publiés depuis le déclenchement du séisme complète le sommaire – cette introduction, la préface d'Edgar Morin et l'ouverture finale avec Laurent Berger ont été conçues juste après le 7 juillet.

L'ensemble établit un diagnostic. Et propose des voies.

Le diagnostic peut être résumé à un match, dont le score s'est inversé depuis le coup d'envoi en 2017. Au stratège Macron, disqualifié, s'oppose désormais la stratège Le Pen, consacrée.

Du premier, l'Histoire pourrait oublier les indiscutables réalisations : gestion de la pandémie Covid-19, *leadership* européen, régression du chômage, émulation entrepreneuriale et technologique, initiatives de démocratie citoyenne, audace politique. Elle pourrait effacer des mémoires les faillites tout aussi incontestables : dette publique, gouvernance égocentrée, déclassement des corps intermédiaires, politique climatique tronquée, marginalisation des oppositions, insécurité croissante, aggravation d'inégalités majeures. Car elle pourrait ne retenir que sa responsabilité délibérée, c'est-à-dire sa *culpabilité* dans le péril démocratique et même civilisationnel auquel *toute* la nation s'est retrouvée exposée à partir du 9 juin, depuis cette funeste soirée à laquelle chaque Français (ou presque) chaîne un même questionnement : « Que s'est-il "passé" dans sa tête pour décider un tel sabordage ? » Auquel on peut ajouter un second : « Pourquoi a-t-il entraîné tout un pays dans le délire désespéré que l'humiliation des urnes lui a inspiré ? »

Il est bien trop tôt pour mesurer les dégâts de ce « coup de folie » sur lui-même, et sur l'autorité, le crédit qu'il exercera dorénavant dans l'Hexagone – sur le pilotage de l'État, vis-à-vis de son ex-majorité qu'il a atomisée, à l'égard des Français – et sur la scène internationale. En politique, rien n'est jamais définitif, à moins d'insulter l'histoire, qui regorge de retournements imprévisibles et de résurrections miraculeuses. Mais son *chemin de Damas* s'annonce de toute façon semé d'embûches, quand bien même il révélerait, dans la singularité critique de la situation, une disposition rédemptrice, *a priori* peu spontanée.

De Marine Le Pen, il faut espérer que l'Histoire ne grave pas sa victoire – ou celle de son disciple – en 2027 ou lors de législatives anticipées que les adversaires d'un Emmanuel Macron affaibli pourraient solliciter à l'approche du 9 juin 2025, date à laquelle le président de la République sera de nouveau autorisé à prononcer la dissolution. Il faut espérer, mais surtout il faut entreprendre pour écarter le spectre. Pléthoriques sont les raisons qui le commandent. Les débats des législatives ont obligé le loup à sortir du bois. Qu'il porte sur les volets économiques et financiers, sociaux et sociétaux, géopolitiques ou démocratiques, le programme du RN a exhibé sa vacuité, ses illusions, ses mensonges et une impréparation confinant à l'irresponsabilité. À l'extraordinaire complexité des sujets il a répondu par une harangue simpliste qui frappe les esprits et esquive le réel. Voilà pour la façade. Mais c'est derrière les murs que se tapit le principal péril : la manipulation des consciences. Deux situations en ont fait la démonstration.

Personne n'a oublié la polémique sur les citoyens binationaux, initiée par Jordan Bardella pendant la campagne. Il indiquait qu'une fois élu, il réserverait les postes les plus stratégiques de l'État aux citoyens exclusivement français, et interdirait aux Français disposant d'une autre nationalité de prétendre exercer dans les secteurs « de la défense et de la sécurité ». L'onde de choc faisait trembler. Mais elle n'était rien comparée à celle qui terrassera la société si le projet de loi constitutionnelle

Citoyenneté-Identité-Immigration, présenté le 25 janvier par Marine Le Pen, se concrétise un jour. Au travers d'une « loi organique », il exige de « fermer aux Français qui possèdent la nationalité d'un autre État l'accès à des emplois des administrations, des entreprises publiques, et à des personnes morales chargées d'une mission de service public ».

L'aspiration de la fille de Jean-Marie Le Pen n'est pas sans réveiller la terrifiante époque des lois antijuives de la France de Vichy. Et elle illustre un axe clef de sa stratégie : évaluer la capacité d'acceptabilité de l'opinion publique à ses projets les plus inhumains en dispersant d'abord quelques hameçons qui font office d'avatars testeurs. Le mensonge est un mantra de la doctrine d'extrême droite, il est donc impossible d'estimer la sincérité des déclarations destinées à crédibiliser le programme et à désinfecter la mémoire du parti ; ainsi, qu'en est-il *réellement* des renoncements au Frexit et à la sortie de l'euro, à l'idéologie antisémite et aux collusions avec la Russie de Poutine ? La réponse figure peut-être dans le profil antisémite, raciste, complotiste de candidats « validés » par la commission nationale d'investiture RN. Peut-être aussi dans l'entrelacs de courants ultraradicaux (« nouvelle droite », Groupe Union Défense [GUD]), « Grèce », « nationalisme révolutionnaire », les mouvements catholiques traditionnalistes attachés au « retour au bercail familial » de Marion Maréchal) qui irriguent le *véritable* corpus idéologique de sa hiérarchie.

Second cas symptomatique : l'énumération de promesses démagogiques que la Constitution française, les principes républicains ou les règles internationales, et notamment européennes, rendent inapplicables. La préférence nationale est la plus emblématique. Est-ce un obstacle ? Peut-être pas. Il suffit de désigner une cible – ici le Conseil constitutionnel –, puis de marteler à grand renfort de communication – parlementaires, réseaux sociaux, médias-complices du groupe Bolloré – qu'elle « fait scandaleusement obstruction aux aspirations du peuple », puis de sédimenter l'occurrence avec méthode et patience, puis de laisser infuser. Et une fois le fruit mûr, c'est-à-dire le peuple dressé contre le *coupable*, d'obtenir gain de cause. Car comment « la démocratie du peuple pourrait-elle se laisser bâillonner par une élite compromise et planquée sous les ors fastueux de la République » ? Au nom de quoi « le pouvoir élu pourrait-il être empêché d'accomplir ce que le peuple attend de lui et qui a motivé son vote en sa faveur » ? Cette stratégie, intrinsèque à la doxa populiste, a fait ses preuves partout où s'est introduit par les urnes un régime tenté par l'illibéralisme (la Pologne du PiS, la Hongrie d'Orbán, la Slovaquie de Fico, le Brésil de Bolsonaro, l'Inde de Modi, les États-Unis de Trump, l'Italie de Meloni, l'Argentine de Milei). Le bouc émissaire se nomme « élite », « système », « bureaucratie », « Europe », « musulman », « immigré », « assisté », et la chasse lancée contre lui conteste puis met en danger et, enfin, en péril l'État de droit.

La stratégie de manipulation et d'aliénation des consciences n'est pas bordée aux périodes électorales. C'est même hors d'elles que le RN la déploie avec le plus de sagacité. N'en doutons pas, depuis le 8 juillet au matin et grâce au désordre des effectifs parlementaire et exécutif, elle poursuit son *œuvre*.

*

Maintenant, on fait quoi ?[1] avais-je titré un recueil d'entretiens comparable, composé pendant la période du premier confinement de la pandémie de Covid-19. La question pourrait parfaitement s'appliquer à ce nouveau tome, car il épouse une trame similaire : comment passer de l'état de sidération, de tétanie, de peur, à celui d'action. Il ne clôt pas une séquence ; il la « vit » en direct, il l'examine à l'instant *t*, pour éveiller et sensibiliser à une menace pour la démocratie qui s'est un peu plus encore précisée. Il propose donc, sinon *la nouvelle Voie*[2] chère au préfacier Edgar Morin, au moins *des voies*.

Des voies pour réparer, apaiser, pacifier et peut-être même « ralentir » la société, étourdie par sept années de frénésie réformatrice et une gouvernance Macron infantilisante, insuffisamment sensible voire sourde à ses souffrances, ses

1. Denis Lafay, *Maintenant, on fait quoi ?*, La Tour-d'Aigues, l'Aube, 2020.
2. Edgar Morin, *Changeons de voie; 15 leçons du coronavirus*, Paris, Denoël, 2020.

aspirations, ses besoins… et ses idées. Des voies pour réconcilier les « morceaux » de la société, que l'aggravation de certaines inégalités, le sentiment de ne pas être considéré, la tentation communautariste et l'épisode législatif ont éparpillés. Des voies pour reconstituer la cohésion sociale, aujourd'hui fragmentée, et pour redéfinir un *sens* et un *périmètre* à la justice sociale. Des voies pour s'approprier les trésors de la conflictualité et les vertus du débat rescapés des tyrannies uniformes, hystériques, haineuses, antagoniques. Des voies, enfin, pour essayer de rassembler autour d'un horizon partagé – peut-être la « fraternité », qui entrelace l'espérance d'Edgar Morin à celle de Laurent Berger. Des voies qu'il ne sera possible de débroussailler qu'*avec* – et non pas *contre* – plus de dix millions de personnes qui ont confié leur suffrage à un parti ennemi de la démocratie. Immense défi.

« Ce moment historique de la démocratie est l'aboutissement d'une dissolution démocratique qui exige un sursaut démocratique », estime l'ancien secrétaire général de la CFDT. « Plus que jamais, l'heure est à repenser les *instruments de la démocratie* afin de réenchanter la *conviction démocratique* », complète le président du Conseil économique, social et environnemental Thierry Beaudet. Instruments honorant l'appétit citoyen d'être acteur des grandes transformations, instruments de *démocratie participative aboutie* pour *nourrir la démocratie représentative* – elle-même exhortée à privilégier le compromis à la posture –, instruments faisant vivre la démocratie *entre* et non pas seulement *pendant* les élections… Construire une autre démocratie convoque en chacun un postulat incompressible : reconsidérer son individualité.

Le principe d'individuation, par lequel on est conscient d'être *unique* et *un*, d'être *distinct* et *entier*, suscite l'émancipation, l'autonomie, la réalisation de soi, mais il se conçoit au sein d'un collectif, il s'ajuste au bien commun, il s'arrime aux réalités de la société. L'individualisme signifie la consécration de soi dans l'indifférence ou même le mépris de cet environnement. L'individuation équilibre l'intérêt de soi et l'intérêt de tout autrui, l'individualisme calfeutre, emmure l'intérêt personnel pour le soustraire aux défis du commun. L'individuation permet de relativiser les raisons de son mécontentement, l'individualisme les exacerbe dans la démesure et le déni des « vrais malheureux ». L'individuation, c'est moi *avec* les autres – parfois même *pour* les autres – ; l'individualisme, c'est moi *face* aux autres – souvent même *contre* les autres. La démocratie mobilise l'individuation responsable et respectueuse, elle exclut l'individualisme égoïste et recroquevillé, cet individualisme pulsionnel que le *récit* RN glorifie et instrumentalise. Une raison de plus d'agir pour réenchanter la démocratie, car elle forme le plus sûr rempart à l'indicible victoire de l'extrême droite.

« Au boulot! », appelait Laurent Berger dans un livre d'entretien publié en 2018[1]. C'était à propos de travail. Six ans plus tard, l'invocation sied particulièrement au nouveau chapitre qui s'ouvre, celui-là démocratique. Personne n'est naïf: la tâche est colossale, notamment dans un régime présidentiel impréparé à la culture du dialogue transpartisan et du compromis. Or il n'existe pas d'autre option: il faut se retrousser les manches, accepter de suer, et « se mettre au boulot ». Au risque, sinon, d'endosser la responsabilité, cramponnée à celle d'Emmanuel Macron, d'escorter Marine Le Pen ou Jordan Bardella jusqu'au sacre.

1. Laurent Berger, *Au boulot!*, dialogue avec Denis Lafay, La Tour-d'Aigues, l'Aube, 2018.

Textes écrits entre le 10 juin et le 10 juillet et présentés chronologiquement

Jouer l'avenir de la France sur un coup de dés est irresponsable

Denis Lafay

10 juin 2024

Le séisme qu'Emmanuel Macron a provoqué au soir même de la victoire du Rassemblement national aux européennes en décrétant la dissolution de l'Assemblée nationale et la tenue d'élections seulement trois semaines plus tard relève moins du courage que de la témérité. Laquelle séquestre l'avenir politique et civilisationnel de la France, puisqu'elle met concrètement en péril celle-là même que ses arguments sont censés honorer: la démocratie. L'impétuosité et l'autarcie décisionnelle ne sont pas compatibles avec le temps et avec l'enjeu de la démocratie, surtout lorsqu'il s'agit de la sauver.

Vingt et un jours. Trois semaines pour décider du sort de la France. Son économie, son socle social, ses finances, son attractivité, son avenir, ses emplois, son éducation, sa culture, ses services publics, etc. Et, bien sûr, « tout » de ce qui *fait* et *défait* la société, en premier lieu ce qui la fonde : son bien commun, son « vivre-ensemble » qu'avait si justement défini Jean-Paul Delevoye lorsqu'il était médiateur de la République (2004-2011) et président du CESE (2010-2015).

Certes, la décision du chef de l'État de dissoudre l'Assemblée nationale n'est pas dépourvue d'arguments. Faute de s'être suffisamment investi en 2022 dans une campagne des législatives qu'il pensait acquise, Emmanuel Macron traîne une majorité relative comme un fardeau. Lui à qui jusqu'alors rien ne résistait et qui n'a jamais apporté la preuve d'une sensibilité aiguë pour le compromis, était, depuis, entravé dans sa dynamique jupitérienne et sa *hâte*, obsessionnelle, *de faire* et surtout de *faire vite*.

Entériner l'implosion de la Nupes ; accélérer l'évaporation des Républicains ; étrangler le Rassemblement national en le sommant de désigner en quelques jours 577 candidats et de définir une stratégie électorale ; miser sur l'effroi – cette fois bien réel et à très court terme – d'une prise de pouvoir du RN pour espérer ramener à la raison et à la responsabilité une partie (mais dans quelle proportion ?) des électeurs qui ont composé les 37 % de suffrages pour l'extrême droite (RN et Reconquête ! réunis), voilà des arguments de « stratégie politique » audibles. Auxquels il faut ajouter un autre, moins reluisant : Emmanuel Macron redoute plus que tout d'être le premier président de la République de l'histoire à transmettre démocratiquement le pouvoir – en 2027 – à une représentante ou un représentant de l'extrême droite ; pour conjurer ce spectre, il semble décidé à prendre le risque du moindre mal, funeste et même sépulcral, de nommer l'extrême droite à... Matignon et de prophétiser sa débâcle une fois aux manettes. Est-ce un scénario moins funèbre (pour la France) et moins humiliant (pour lui)? Sans doute pas.

L'Europe discréditée

Et une fois ces arguments égrainés, que reste-t-il?

En premier lieu, le dévoiement de sa propre promesse. Est-ce faire honneur aux électeurs, est-ce revitaliser la démocratie que d'encager la campagne dans un contre-la-montre étourdissant qui la réduira à une seule question: faire ou non barrage au RN? Ce biais, qui empoisonnera ou ensevelira l'ensemble des débats, va, *de facto*, enterrer les grandes questions et les thématiques fondamentales susceptibles justement de régénérer la démocratie. Punis de cette possibilité, ne sont-ce pas les citoyens les plus désireux de démocratie qui risquent d'être frappés de démobilisation les 30 juin et 7 juillet?

Autre grave erreur: Emmanuel Macron discrédite lui-même l'enjeu européen en indexant le sort démocratique et parlementaire de la France à celui d'un scrutin voué à l'avenir de l'Europe. Près d'un tiers des électeurs votent RN et il faut en déduire une dissolution de l'Assemblée nationale? Exprimé autrement, la démocratie de l'Europe mérite-t-elle d'être ramenée au rang de révélateur ou plutôt de *faire-valoir* de la démocratie française? En Allemagne, les composantes de la coalition d'Olaf Scholz ont été balayées ; le chancelier a-t-il dissous le Bundestag et décrété des élections anticipées ? Non.

Également, qu'y a-t-il de « responsable » à exposer la nation, dès ce 9 juin à 21 heures, au péril d'extrême droite et même, indépendamment du résultat final, au chaos organisationnel et fonctionnel ? À quelques semaines des Jeux olympiques et paralympiques, imagine-t-on la sidération qui frappe ce soir les services de l'État affectés à la sécurité de l'événement ? quand la guerre que livre la Russie à l'Ukraine traverse une phase critique, et quand celle que mène Israël à Gaza embrase jusqu'au cœur des démocraties ? à quelques mois d'un scrutin américain à l'issue possiblement éruptive ? au moment où l'avenir de la société et de l'économie françaises est arrimée à des débats parlementaires et à des arbitrages gouvernementaux cruciaux ?

Est-il responsable de placer la France dans la configuration possible d'un RN arrivant en tête des législatives, mais avec une majorité relative incapable de former des alliances à l'Assemblée ? Ou d'une polarisation sur des pôles minoritaires et antithétiques incapables de s'accorder, et donc condamnant le fonctionnement législatif ? Rien n'assure que Jordan Bardella acceptera le poste de Premier ministre dans ces conditions. Mais considérons quand même les conséquences d'un gouvernement RN sans possibilité de faire voter des lois et exposé à une motion de censure permanente…

Insensibilité

La France souffre, elle est fracturée, elle hurle ses malaises et sa colère, son avenir est cerclé par l'angoisse, et voilà que le chef de l'État lui impose une nouvelle épreuve. Les urnes ont sanctionné son incapacité à écouter les Français, à entendre et à comprendre la nation ; une preuve supplémentaire de son insensibilité aux vibrations de ce « peuple », qu'il sert, pourtant, avec abnégation.

La décision de la dissolution peut sembler être de courage, voire de bravoure – c'est d'ailleurs le mantra communicationnel brandi par les disciples d'Emmanuel Macron pour qualifier le coup de tonnerre. Mais, plus sûrement, elle s'apparente à de la *témérité*. Et elle est une nouvelle illustration d'un des traits symptomatiques de la personnalité et du style de gouvernance d'Emmanuel Macron : l'impatience. Ou, plus exactement, l'impétuosité. Laquelle suggère une frénésie, une fièvre de *faire coûte que coûte*, l'obsession de maîtriser, de bouleverser ou d'incarner le cours de l'histoire, incompatibles avec le temps de la démocratie. Surtout lorsque celle-ci, en danger, exige d'être maçonnée avec rigueur, méthode, concertation, apaisement. Incompatibles aussi avec la double règle du *partage de la connaissance* et de la *collégialité des décisions* : l'enjeu de la démocratie française ne s'accommode pas de l'isolement ou de l'autarcie décisionnelle que le chef de l'État cultive, du goût des « surprises » qu'il se plaît à décréter seul (ou presque) avec lui-même. L'avenir de la France ne se joue pas sur un coup de dés.

Lang Lang et Macron, d'un vertige à l'autre

Denis Lafay

11 juin

Le 9 juin, dans l'après-midi, le pianiste chinois Lang Lang offrait un inoubliable récital à l'Auditorium de Lyon. Quelques heures plus tard, Emmanuel Macron prononçait la dissolution de l'Assemblée nationale et convoquait d'inoubliables élections. Le pianiste chinois et le chef d'État ont provoqué, ce même jour, un inoubliable vertige. Celui du premier a éclairé les âmes, celui du second les précipite dans la nuit.

Il s'avance sur la scène, vêtu d'un sobre uniforme noir, et son visage est traversé par un large sourire. Une fois devant le Steinway, il incline son tronc religieusement et salue les spectateurs réunis dans l'exceptionnel écrin de l'Auditorium de Lyon. Puis il déploie son âme et ses doigts sur le clavier, et consacre à la *Pavane* de Fauré, à la *Kreisleriana* de Schumann et à six *Mazurkas* de Chopin une inoubliable interprétation. La conclusion sur la *Polonaise* op. 44 du compositeur polonais est un envoûtement. Jamais l'extra-ordinaire technique n'affecte la sécrétion (en lui) puis l'exhalation (vers nous) de l'*essentiel*: l'émotion, celle qui jaillit et submerge, celle qu'on ne cherche même pas à verbaliser, celle qu'on voudrait jalousement calfeutrer au fond de soi, mais aussi partager sans retenue. Deux généreux rappels achèvent une prestation de deux heures et demie qu'aucun des deux mille cent spectateurs *unis* en ce dimanche après-midi n'est enclin à reléguer dans sa mémoire. Pour s'en convaincre, il suffit d'observer cette foule debout, bruyante, décomplexée, couvrant l'antre d'applaudissements ininterrompus, répétant l'incandescence que ce même lieu avait éprouvée, quelques semaines plus tôt, lorsque le violon de Nemanja Radulović avait transcendé la partition de Tchaïkovski jusqu'à, peut-être, lui inspirer une larme. Ce 9 juin, Lang Lang offre un récital – dans toutes ses acceptions – *vertigineux*. Oui, nous sommes *pris de vertige*.

Pris de vertige, d'aucuns le sont de nouveau ce même jour, cette fois à 20 heures, puis à 21 heures. Le vertige prévisible du score historique du Rassemblement national et du brunissement de l'hémicycle européen, le vertige de la sidération lorsque le chef de l'État prononce la dissolution de l'Assemblée nationale.

Que « dire » des vertiges que le verdict des urnes puis l'allocution présidentielle ont provoqués ? Celui des suffrages était attendu, et un livre entier ne suffirait pas à examiner les racines et les moteurs de la spectaculaire progression. Celui qu'a déclenché Emmanuel Macron, en revanche, est déchiffrable.

C'est un vertige sans fondement, un vertige irrationnel et irraisonné, un vertige dévastateur. Le vertige du coup de folie impréparé, de l'impétueux affamé d'impatience, du narcissiste encagé dans la vanité. Le vertige du joueur sans égard pour les conséquences de son addiction, le vertige de l'omniscient fasciné par l'Histoire, qu'il veut incarner et marquer au fer rouge. Comme si l'Histoire était sa propriété. Comme s'il *était* l'Histoire. C'est le vertige du désespéré qui entraîne, sciemment ou non, les innocents dans sa chute.

Le choix du chaos

Emmanuel Macron a fait le choix du chaos. L'hébétude que sa décision a provoquée jusqu'au plus près de lui, la « disparition » de son Premier ministre Gabriel Attal depuis le soir de l'annonce, la gêne incommensurable de la présidente de l'Assemblée nationale Yaël Braun-Pivet, témoignent de sa cécité. Sa décision de conduire lui-même la campagne électorale révèle son insensibilité, ou plutôt son imperméabilité aux réalités du pays : il semble nier qu'il est l'objet d'un immense rejet populaire. Rejet ensemencé dans l'isolement que la fonction ou sa personnalité ont maçonné, dans la fatuité et l'arrogance – réelles ou fantasmées –, dans la di(sso)lution des contre-pouvoirs qu'il a en partie orchestrée, évidemment dans l'extraordinaire complexité des arbitrages et donc dans les nombreuses déceptions inhérentes à sa responsabilité, sans doute aussi dans une jalousie que son envergure a pu susciter. L'homme est esseulé. Or chacun sait que la solitude favorise l'excès, voire l'ivresse, en l'occurrence du *pouvoir*.

L'*hubris* du pouvoir, ici, c'est subordonner le destin domestique au suffrage européen alors qu'ils étaient indépendants ; c'est cristalliser toute la campagne « sur » le RN et donc séquestrer les débats dans l'ordre dicté par le favori (pouvoir d'achat, immigration, sécurité) au mépris d'autres sujets fondamentaux (éducation, environnement, travail, justice, politique étrangère, etc.) ; c'est croire qu'un « coup politique », dans l'hypothèse (très aléatoire) où il réussit, peut suturer la désaffiliation citoyenne ; c'est déclasser la tenue des Jeux olympiques et paralympiques, et même la disqualifier aux yeux du monde si le RN accède au pouvoir ; c'est affirmer *honorer la démocratie* alors que tout, de la méthode à l'agenda, condamne sa régénération ; c'est entraîner la société dans une angoisse, des déchirements et possiblement des violences contraires à l'apaisement, au temps long, à la réconciliation auxquels elle aspire après les années de pandémie et dans un contexte géopolitique et climatique brûlant.

Enfin, c'est prendre le risque délibéré de placer Jordan Bardella à Matignon. C'est-à-dire tester la totale inexpérience du pouvoir, tenter le blocage des institutions et du Parlement, fragiliser brutalement l'organisation économique, enflammer les fractures sociales, hystériser le débat public, antagoniser les groupes sociaux, religieux et ethniques, dégrader l'image de la France, etc.

Le crépuscule d'Emmanuel Macron

Combien le vertige éblouissant de Lang Lang semble antithétique à celui qui jaillit de la décision du chef de l'État ! Le premier est aurore et éclabousse de lumière, le second est crépuscule et enfonce dans la nuit. L'un révèle à soi et vers autrui, l'autre éloigne de soi et d'autrui. Deux conceptions bien singulières du vertige. Choc des vertiges, donc, lorsque le souffle du pianiste chinois continuait de se frayer un chemin dans le dédale de cette indicible proclamation. Ce vertige de l'après-midi était celui du partage et de l'unité, de la munificence et de l'humanité. Il résultait de l'apprentissage long, du labeur patient, de la carrière raisonnée, des échecs acceptés pour être dépassés. Il reflétait le savant mélange d'illimité ego et d'illimitée générosité propre aux artistes de cette envergure, il étourdissait dans le rêve et la poésie, il semblait voué à éclairer l'Histoire et l'histoire des spectateurs. Il était *rassemblement*, non d'une chimérique « identité nationale », mais de sensibilités et de consciences communiant dans le mystère de l'art. Mystère est d'ailleurs le juste qualificatif, car comment ne pas s'étonner que, statistiquement, 40 % des spectateurs « émus de grâce » se préparaient, de retour chez eux, à célébrer la victoire de l'extrême droite puis l'abdication présidentielle ?

La hardiesse n'est pas la témérité. Agir ne signifie pas précipiter. Construire et expédier sont incompatibles. Réunir dans la fragmentation est un oxymore. En décrétant *seul* la dissolution de l'Assemblée nationale et la convocation d'élections seulement trois semaines plus tard, Emmanuel Macron a fait le choix de défier ces évidences, et d'embarquer tout un pays dans l'inconnu. Ou dans l'abîme. Or c'est pour avoir confondu ces items pendant plusieurs années que le macronisme est mort, entraînant dans son inhumation de grandes promesses, déçues ou réellement accomplies, et de douloureuses désillusions.

Tout ça va mal finir

François Dubet

12 juin

Sa dissection des résultats des européennes, du « triomphe de CNews », des inégalités en devenir ou des errements de la gauche, est sans appel : « Tout ça va mal finir ». Le sociologue François Dubet, spécialiste d'éducation et des inégalités sociales, prédit que le pire pourrait surgir du « coup de poker » tenté par Emmanuel Macron. Le pire étant une éruption de violences, puis l'instauration d'un régime digne des « tyrans latino-américains ».

Denis Lafay. – Dans quel état d'esprit êtes-vous ?

François Dubet. – J'ai le sentiment de vivre des journées traumatisantes et historiques. Tout ça va mal finir. Fatalement. Je travaille depuis longtemps sur l'évolution des inégalités du vote, sur les manifestations de la compétition méritocratique – une logique binaire de vainqueurs et de vaincus, ces derniers, traditionnellement à gauche, développant une détestation des élites qu'ils expriment dorénavant par leur ralliement à l'extrême droite. Ce basculement de l'électorat populaire et la défiance démocratique dont il procède, je les étudie avec attention. Malgré ça, le résultat du scrutin est un choc immense.

Denis Lafay. – L'ampleur était attendue, mais l'analyse sociologique de l'électorat vous a-t-elle surpris ?

François Dubet. – Il est frappant que toutes les catégories sociales, tous les niveaux de qualification professionnelle, toutes les générations, tous les territoires de France se soient portés vers le RN. Fini les seules zones délaissées, les seuls groupes sociaux défavorisés, les seules régions des Hauts-de-France ou de PACA. Le populisme d'extrême droite – il existe aussi une version de gauche, ne nous voilons pas la face – manipule très bien le ressentiment contre les élites et contre tous ceux (immigrés, pauvres) supposés « être assistés » et « profiter du système ». Mais que ce mantra ait un écho dans toutes les strates de la population est une surprise.

Denis Lafay. – Une heure après l'annonce du verdict des urnes tombe celle de la dissolution et de la tenue d'élections trois semaines plus tard. Cette « deuxième lame », plus saignante, que « dit »-elle de la personnalité d'Emmanuel Macron ?

François Dubet. – Le président de la République joue au poker. Aujourd'hui encore, je ne comprends pas ce coup de folie. Il semble probable que le RN, une fois les LR divisés avec le ralliement d'Éric Ciotti et Reconquête! laminé par le divorce entre Marion Maréchal et Éric Zemmour, remporte le scrutin, se retrouve à Matignon et ouvre un nouvel exercice du pouvoir – avec pour modèle les régimes des tyrans latino-américains ou des illibéraux d'Europe de l'Est. Surtout que la gauche, même unie, aura du mal à dépasser ses fractures.

Ce « pari », qui survient dans l'extrême précipitation et juste avant les Jeux olympiques, est symptomatique de la manière dont le chef de l'État gouverne depuis quelques années. Dans une solitude qu'il a choisie, mû par le tragique (économique, géopolitique, climatique) qui embrase la France et le monde, il brave l'incroyable. C'est Bonaparte au pont d'Arcole.

Denis Lafay. – Emmanuel Macron n'est pas seul responsable de la popularité du RN. Outre ce contexte exogène vertigineux, le comportement des autres oppositions a joué un rôle clef.

François Dubet. – Toute formation politique a le devoir d'entendre la population, d'être à l'écoute de ses souffrances et de ses aspirations. C'est la base. Ensuite, charge à elle d'appliquer un programme en fonction de ses principes idéologiques ou éthiques. Or la gauche a abandonné des sujets comme l'immigration, l'autorité ou la sécurité, au motif qu'ils sont « sales ». Celui de la nation, elle l'a aussi délaissé, ou plutôt elle a construit un récit national qui devait être coûte que coûte en opposition à celui du RN ; à cette fin, elle a tenu des positions absconses, voire duplices ou silencieuses (port du voile, destruction d'œuvres d'art, etc.), prenant le risque de fragiliser les fondations de la laïcité, même de desservir l'émancipation des femmes, et de se perdre à continuer de financer ce qui ne fonctionne pas. Du pain béni pour Marine Le Pen. Qui depuis des années exploite chaque fait divers, et apparaît être seule ou presque à partager ces préoccupations avec la population.

Denis Lafay. – « Exploite chaque fait divers » : la victoire du 9 juin, est-ce aussi celle des médias Bolloré, notamment le couple CNews-Europe 1, qui ont servi d'amplificateur aux causes du RN et ont dédiabolisé ses remèdes ?

François Dubet. – C'est une évidence. CNews a gagné le match. Le triomphe du RN est celui de CNews, à qui l'on doit que Pascal Praud et Cyril Hanouna soient devenus ce qu'il y a de « mieux » dans le paysage intellectuel médiatique. Lorsque du matin au soir est martelée une stratégie visant à dédiaboliser, c'est-à-dire à « normaliser » une idée, peu à peu celle-ci devient acceptable et universelle. Exemple : le spectaculaire effacement des thèmes sociaux derrière les thèmes identitaires. On ne parle plus de quartiers pauvres et de quartiers riches, mais de quartiers « d'Arabes » et de quartiers de « Blancs ». Fini la lutte contre les inégalités de condition, on ne raisonne plus qu'en termes de discrimination et de stigmatisation.

Cette réalité a dépassé le cercle de l'extrême droite, elle s'impose dans le débat public, elle est même relayée par une partie de la gauche. Or, à opposer les « Blancs » aux « Arabes », on s'expose à un bain de sang.

Denis Lafay. – L'instrumentalisation électoraliste du « sentiment d'être méprisé » n'est pas l'apanage du RN…

François Dubet. – L'émotion politique est partagée par La France insoumise. Quelle rhétorique Marine Le Pen et Jean-Luc Mélenchon brandissent-ils sans cesse ? « Ma parole est méprisée par les élites, mon parti est méprisé par les élites, et vous que je représente êtes méprisés par les élites. » C'est un trait populiste commun aux deux extrémités du spectre.

Denis Lafay. – Redoutez-vous qu'en cas d'installation du RN à Matignon de nouvelles violences jaillissent ?

François Dubet. – Au soir du 7 juillet, si l'extrême droite a gagné, je n'exclus pas l'éruption de nouvelles violences urbaines, à laquelle participeront aussi bien étudiants d'extrême gauche que les jeunes des banlieues qui ont enflammé le pays en juin 2023. Ce risque d'embrasement est réel.

Denis Lafay. – Votre champ d'expertise est l'éducation. Dans ce domaine « aussi », on sait très peu des projets réels du RN ?

François Dubet. – Absolument. Ce qui est troublant, c'est que la politique de Gabriel Attal a permis de lever le voile sur ce qu'ambitionne le RN. Tout comme elle a cru couper l'herbe sous le pied du RN en promulguant la loi immigration, la majorité déploie les mêmes mesures, très symboliques, que la formation de Marine Le Pen promeut : classes de niveau, uniforme, hymne national, retour de l'autorité, etc. Rien sur l'essentiel, rien sur la priorité : que doit la France à tous ses élèves ?

On a pensé que le système scolaire avait pour devoir d'amener tous les élèves jusqu'au bout d'une trajectoire longue et homogène : or, pour beaucoup d'entre eux, à ce bout il n'y a rien. On a cru que faire grimper le taux de réussite au baccalauréat à 90 % allait élever le « niveau » (de connaissances, de comportement, etc.) et résorber des inégalités ; il n'en est rien. On a cru que l'école devait avoir le monopole de l'éducation ; or c'est illusoire, et il faut au contraire accueillir d'autres leviers (associations, entreprises, intelligence artificielle).

Le RN n'appelle à rien, sauf à mobiliser la nostalgie d'une école de naguère. Retour à l'ordre, vouvoiement, discipline, exclusions, filières, uniforme… Il propose le retour de l'examen d'entrée en classe de sixième, sans expliquer ce qu'il adviendra des élèves qui auront échoué… Bref, il n'a pas véritablement de programme. Il surfe sur la fatigue de nombreux enseignants, tout en effrayant ceux qui se présentent comme des désobéisseurs potentiels. En matière scolaire, le RN est strictement réactionnaire.

Denis Lafay. – Sa stratégie en matière d'enseignement supérieur et de recherche est-elle plus lisible ?

François Dubet. – Pas davantage ! On ne sait rien, absolument rien de ses objectifs. À part son obsession de lutter contre l'islamogauchisme et le wokisme. C'est symptomatique du double risque qu'a pris Emmanuel Macron : placer aux manettes de la France un parti dont on ignore tout du programme. Et c'est donc à l'épreuve des faits qu'on apprendra ce qu'il a réellement « dans le ventre ». Par exemple, lorsque la France lâchera Zelensky, détricotera l'Union européenne, noyautera l'audiovisuel public ou les instances judiciaires, etc.

Denis Lafay. – Comment les « inégalités sociales » vont-elles progresser si le RN l'emporte ? Vers une aggravation de celles qui existent, vers l'irruption de nouvelles, ou au contraire vers la résorption d'autres – puisque, après tout, le RN promet de s'attaquer à elles ?

François Dubet. – Il est difficile de répondre. En premier lieu parce que les inégalités font l'objet d'une double lecture : il y a celles qu'on *subit réellement*, il y a celles que l'on *ressent* – et qui ne reposent pas sur des faits. J'habite à Bordeaux. La liste Place publique de Raphaël Glucksmann est arrivée en tête avec 22 % des suffrages. Et plus on s'éloigne de la ville, plus le score du RN enfle, dans d'impressionnantes proportions ; celles-ci correspondent-elles à des écarts réels d'inégalités ? Évidemment non.

Ce qui est certain, en revanche, c'est que les inégalités entre *méritants* et *non méritants* va exploser, puisque la société promue par le RN est fondée sur la méritocratie. Les fragiles et les exclus de la société – population souvent issue de l'immigration : heureux hasard pour le RN – verront leurs prestations vaciller. Plus que jamais, ils seront ces « pauvres qui n'ont que ce qu'ils méritent ».

Quant aux inégalités auxquelles le RN veut s'attaquer, elles soulèvent des équations comptables complexes. Exemple : comment réduire la TVA sans aggraver le déficit déjà abyssal des comptes publics ?

Denis Lafay. – « Faire société ensemble » : demain plus que jamais, ce vœu sera chimère ?

François Dubet. – S'il remporte les élections, le RN ouvrira une période qui devrait être très contrastée. Aux crispations de toutes parts, aux replis, aux violences inévitables ripostera une dynamique de résistance et de solidarité.

Comprendre ce qui se passe, décoder les ferments du désamour des Français pour des représentants politiques non extrémistes est incroyablement alambiqué. Toutefois, un chantier m'apparaît majeur : redonner du sens à la redistribution. Pourquoi le système français de solidarité, l'un des plus « riches » en matière de prélèvements obligatoires, est-il à ce point contesté ? Parce que son extraordinaire complexité le rend illisible. Et donc décourage, et ouvre la boîte de Pandore des interprétations idéologiques et politiques les plus fallacieuses. Il est facile de manipuler les consciences lorsqu'elles ne saisissent pas réellement leur contribution (sortante et entrante) au modèle de solidarité.

Le problème d'Emmanuel Macron ? Sa relation avec les Français

Alain Bauer

14 juin

Le criminologue, professeur au Conservatoire national des arts et métiers, fustige la décision de dissolution au regard du contexte international et des menaces qui pèsent sur la sécurité des Jeux olympiques. « Un cas d'école pour la science politique », à l'origine duquel l'auteur de Tu ne tueras point[1] *pointe la coupable « désinvolture » du chef de l'État, sa stratégie de « fragmentation et de division », et finalement « son problème : sa relation avec les Français ».*

Denis Lafay. – Le vote historique en faveur du Rassemblement national aux élections européennes n'est pas une surprise. Ses racines sont protéiformes. Quelle est celle qui vous apparaît centrale ?

Alain Bauer. – L'origine du « moment » que nous vivons depuis le 9 juin peut être datée à

1. Alain Bauer, *Tu ne tueras point*, Paris, Fayard, 2024.

1992 : le rejet populaire du référendum sur la Constitution européenne puis la signature du traité de Maastricht sont le point de bascule. Ils sont le symbole d'un sentiment très fort des Français : leur vœu et leur vote ne sont pas entendus. Alors ils expriment leur désillusion par l'abstention, la colère ou le suffrage de rupture, RN, Reconquête !. Entre ces deux dates, il y a eu les Gilets jaunes, les Bonnets rouges, les militants des Soulèvements de la Terre, qui tous illustrent une structuration nouvelle et élargie de la violence sociale.

Denis Lafay. – Le vote aux européennes, comme toujours, traduit en partie une motivation domestique. Le double sentiment de ne pas être « entendu » à Bruxelles et à Paris est-il identique ?

Alain Bauer. – Prenons l'exemple de mon domaine d'expertise : la sécurité. En 2012, la France connaît son niveau le plus bas d'homicides et de tentatives depuis 1972. Depuis, la courbe n'a jamais cessé de se redresser. Et dans une intensité inédite. Au point qu'en 2023 le nombre d'homicides et de tentatives (ce que j'appelle les homicidités) atteint le pire record depuis cinquante ans. Ce n'est pas une impression ou un commentaire. Les enquêtes de victimation réalisées au sein de l'Observatoire national de la délinquance sont sans équivoque – elles font notamment le distinguo entre les plaintes issues d'une parole (heureusement) libérée contre les violences intrafamiliales (féminicides, incestes) et les autres –: les Français n'éprouvent plus un simple *ressenti d'insécurité*, ils expriment leur vécu dans un *climat réel de violence*. Or ils ont un double sentiment : les attributs de la social-démocratie tels qu'appliqués par Michel Rocard (écouter, dialoguer, négocier, débattre pacifiquement) ne sont plus mis en œuvre, leur peur et leur colère ne sont pas entendues par l'État, qui préfère le rapport de force. Citoyennes et citoyens engagent avec lui ce rapport de force et expriment dans la rue et dans les urnes leur déception.

Denis Lafay. – Les difficultés de l'État à juguler la violence cristalliseraient donc, selon vous, l'analyse du scrutin ?

Alain Bauer. – Quand près de 40 % d'une population (RN, Reconquête ! et quelques listes complémentaires) manifestent leur mécontentement de la politique sécuritaire et migratoire, il faut peut-être cesser de croire qu'ils sont tous contaminés par un virus saisonnier. Il faut arrêter de jeter la faute sur les électeurs et d'exonérer le politique de sa responsabilité, mais cela ne changera rien si on ne répond pas aux questions, bonnes ou mauvaises.

La nature de la violence a changé. Même les policiers (mais aussi les pompiers ou les personnes de santé en intervention) sont régulièrement l'objet de guet-apens et d'actes d'une brutalité inouïe, inimaginables auparavant. L'expansion du trafic de stupéfiants n'est plus circonscrite aux grandes agglomérations, elle empoisonne les petites et moyennes villes. Qui a entendu l'inquiétude de la population qui s'y confronte au quotidien ? Le triptyque négation-minoration-éjection (en français courant : « ce n'est pas vrai, ce n'est pas grave, ce n'est pas de ma faute »), symptomatique des élus perturbés dans leurs préjugés, s'est confirmé de nouveau le 9 juin. La dernière goutte d'eau, celle qui a fait déborder le vase, n'était pas plus importante que les précédentes, simplement c'était celle de trop.

Denis Lafay. – Les effectifs de police et de gendarmerie se mobilisent traditionnellement en forte proportion pour les formations de droite « dure » et d'extrême droite. L'analyse socio-professionnelle du scrutin européen puis celle des législatives devraient le vérifier. L'alignement de ces sensibilités sur un pouvoir détenu par le RN augure-t-il le « débordement » des comportements sécuritaires ?

Alain Bauer. – Chez les publics affectés à l'ordre (policiers, gendarmes…), il existe habituellement une surreprésentation des votes au profit des partis qui l'incarnent. Toutefois, la valeur républicaine à laquelle les forces de l'ordre sont attachées s'est toujours imposée à la couleur politique du pouvoir en place, qu'il soit de droite ou de gauche. Elles servent la sécurité indépendamment de cette coloration, et la structure même de leur hiérarchie est une garantie.

Denis Lafay. – Pas toujours. Le comportement d'une partie d'entre eux sous le régime de Vichy devrait nous le rappeler.

Alain Bauer. – Il y eut aussi beaucoup de résistants policiers et gendarmes durant l'Occupation. Désobéir aux ordres d'un pouvoir légitime (le maréchal Pétain fut investi par la chambre du… Front populaire de 1936) n'est pas toujours aisé. Entre résistants (de l'intérieur comme de l'extérieur, venus des extrêmes aussi), collabos et entre-deux, le choix des fonctionnaires est souvent complexe.

Denis Lafay. – Faut-il attendre du RN au pouvoir qu'il « libère » le cadre d'intervention des policiers et, *a contrario*, de LFI qu'il le comprime davantage ?

Alain Bauer. – Leur prise à partie et une cassure réelle dans la société du fait du comportement de certains qui prennent en otage le corps de police tout entier, la difficulté à expliquer les processus de sanctions internes (pourtant très nombreux), posent un problème qu'il faudra résoudre par l'exemplarité des comportements.

Ce qui est aussi en jeu est le traitement de la légitime défense et de son mode opératoire. La France a fait le choix de lui appliquer des conditions extrêmement restrictives, qui d'ailleurs la distinguent de la plupart des autres pays occidentaux. Plus que les modalités juridiques d'exercice de l'ordre, le plus pénalisant est le temps de la justice – le temps, et non un supposé « laxisme », en réalité infondé. Un temps parfois d'une grande lenteur, qui délite la confiance des Français dans « l'organisation d'ensemble » de la sécurité, notamment en matière de violences physiques et sexuelles. La justice est censée s'exprimer « au nom du peuple français », or elle l'intègre peu à son fonctionnement. Certaines incohérences de l'État ne facilitent pas la compréhension commune : les pouvoirs publics étudient l'opportunité d'abaisser le droit de vote à 16 ans, mais continuent de vouloir exonérer de ses responsabilités un mineur coupable de violences…

Denis Lafay. – La société française est lacérée de fractures, qu'elle traduit par un spectre très large de violences. La nomination d'un Premier ministre RN ou LFI peut-elle ouvrir un cycle de violences inédit ?

Alain Bauer. – D'aucuns s'amusent à le prophétiser, nul n'en sait rien. Le pire n'est jamais écrit. Un bémol, toutefois : quel qu'il soit, le prochain gouvernement enflammera la colère des Français s'il applique brutalement des mesures contraignantes sans les avoir au préalable explicitées et sans avoir convaincu de leur nécessité. Ou enfin expliqué pourquoi il a changé d'avis, faisant mine d'avoir toujours pensé la même chose…

La violence des rapports sociaux naît du fait que les pratiques politiques cultivent en permanence la *contrainte*. Elles ont ignoré une double règle d'or, que Michel Rocard avait bien définie : la négociation doit systématiquement initier la relation, sous peine, sinon, d'entrer dans des rapports de force violents ; il est possible de négocier efficacement sans imposer de coercitions inutiles à la société. Parler vrai, équilibrer l'action publique, dialoguer pour pacifier. La gestion du conflit néocalédonien reste un modèle qui a tenu plus de trente ans avant d'être vandalisé par le « nouveau monde » qui méprise tant l'ancien.

Denis Lafay. – Entre d'un côté des menaces protéiformes et de l'autre quelques « trous dans la raquette » de l'organisation, le péril terroriste qui pèse sur les Jeux olympiques et paralympiques est réel. Vous-même, depuis plusieurs mois, ne cessez d'alerter. Prendre le risque de « casser » la tête de l'État, en premier lieu celle des ministères de l'Intérieur et des Armées, à quelques semaines de l'événement est-il – dit trivialement – « irresponsable » ?

Alain Bauer. – Mon inquiétude est grande. Elle continue de grandir. L'attaque terroriste du Hamas le 7 octobre a montré les limites du fétichisme technologique et les failles béantes du gouvernement de la première puissance de sécurité et de renseignement au monde. La « dronisation » massive de la guerre en Ukraine, les vives tensions avec la Russie, la résurrection de l'État islamique (ISIS K) et la rémanence des structures d'Al-Qaïda, les crispations sociales ou environnementales en France, l'intérêt de groupuscules à déstabiliser, les crises à Mayotte et en Nouvelle-Calédonie, les annonces de réforme des retraites ou du chômage, le marasme agricole…, forment un faisceau de discordances auquel les Jeux olympiques offrent par nature une extraordinaire caisse de résonance. Dans ce contexte, décréter la dissolution de l'Assemblée nationale à ce moment restera un cas d'école pour la science politique.

Au-delà du sujet olympique, le président de la République s'est comporté avec désinvolture en faisant porter aux parlementaires les responsabilités d'une campagne qu'il avait de fait menée lui-même, disqualifiant le Premier ministre et la présidente de l'Assemblée nationale, écartés de sa réflexion. Sa décision envoie à la poubelle des projets de loi déterminants (réforme agricole, aide à mourir, audiovisuel public). Elle entretient la fragmentation et la division. Finalement, elle cristallise le cœur de « son » problème : sa relation avec les Français.

Denis Lafay. – Lors du scrutin, des manœuvres cybercriminelles de déstabilisation apparaissent inévitables puisqu'elles sont devenues la règle. Au profit de quoi et de qui ? Le chaos et/ou les forces d'opposition ?

Alain Bauer. – Les forces capables d'influencer le scrutin ont tout intérêt à ce qu'il se déroule dans les meilleures conditions possibles et qu'il entérine la défaite du camp présidentiel. Voilà pour elles une opportunité formidable, et même un coup du sort inespéré.

Denis Lafay. – En cas, très probable, de défaite du « camp Macron », que faut-il redouter, en matière de diplomatie européenne et de politique internationale, d'une cohabitation inédite avec l'extrême droite ou l'extrême gauche ?

Alain Bauer. – Les exemples italien et hongrois fournissent quelques clefs de lecture : leur dépendance aux mécanismes européens fixe des limites strictes aux aspirations – distinctes – de Giorgia Meloni et de Viktor Orbán. D'autre part, nos règles institutionnelles garantissent au chef de l'État des prérogatives majeures en matière de politiques diplomatique et de défense. Enfin, là encore, le principe de réalité et celui de la stratégie politicienne devraient s'appliquer : la formation politique qui pilotera le gouvernement aura en ligne de mire le scrutin présidentiel de 2027 – voire avant si, le 7 juillet, la défaite des sortants prend l'allure d'une déroute – et devrait adapter sa politique, notamment étrangère, à cet objectif.

Denis Lafay. – Vous avez été Grand Maître du Grand Orient de France (2000-2003). Historiquement et culturellement, le parti de la famille Le Pen a toujours considéré la franc-maçonnerie comme un ennemi. Quand bien même elle n'est plus aussi audible, cette détestation témoigne du choc des « valeurs » entre les deux adversaires. La franc-maçonnerie est de natures, de réglementations, d'aspirations, d'intérêts composites ; toutefois, une fois le RN aux commandes, pourrait-elle se rassembler et former implicitement un arc de résistance ?

Alain Bauer. – En effet, les ADN des obédiences ne constituent pas une unité. Le Grand Orient de France, le Droit humain, la Grande Loge féminine estiment qu'ils doivent fortement s'engager dans le débat citoyen, donc parfois politique ; la Grande Loge de France prône la neutralité, mais s'accorde aussi la possibilité exceptionnelle, comme dans l'épisode de 2002, de prendre position ; quant à la Grande Loge nationale française, elle se tient à une impartialité complète, car participer au débat citoyen en tant que telle serait antinomique avec ses fondements. Le GODF a toujours exprimé des convictions claires lorsqu'il considérait que la République était fragilisée. Il est très probable qu'il renouvellera ses vœux dans les prochains jours – moi-même m'y étais employé lors du second tour des présidentielles 2002 opposant Jacques Chirac à Jean-Marie Le Pen, mon convent – assemblée générale – ayant ultérieurement ratifié massivement cette décision.

Il est inédit que le président du RN Jordan Bardella ait été récemment invité à un déjeuner de francs-maçons – réunis certes « hors loge ». La liberté absolue de conscience dicte à chaque sœur ou frère d'être totalement libre de porter son suffrage vers le candidat de son choix. Je ne suis pas habilité à indiquer ce qui est bien et ce qui est mal, et ma sensibilité historique de *social-démocrate rocardien* est connue de tous. Je résume ma responsabilité à formuler les réflexions que me suggèrent l'analyse des mouvements de société et celle des aspirations que les citoyennes et les citoyens expriment dans la rue, dans les urnes ou par d'autres voies. À chacune et à chacun, en conscience, de faire son libre choix. La question qui se pose est de comprendre pourquoi des organisations politiques minoritaires convainquent autant d'électrices et d'électeurs. Et comment les partis qui s'affirment républicains ont pu perdre autant de terrain.

On peut s'offusquer du vote des autres. Mais qui cherche encore vraiment à persuader les Françaises et les Français qu'il existerait d'autres chemins pour répondre à leurs doutes, leurs angoisses, leurs colères ? Qu'on peut sortir de la rageosphère ?

Denis Lafay. – La portée du scrutin des 30 juin et 7 juillet confère-t-elle au vote une sacralité particulière ?

Alain Bauer. – J'appelle à voter, parce que la démocratie est notre bien commun le plus précieux. Même si son intime conviction est qu'il faut faire « sauter le système », ou qu'on doit le sauver, fût-ce au prix de renoncements, ou qu'il n'existe aucune « bonne solution », chaque citoyen dispose d'une option électorale pacifique.

Reste une inconnue : sommes-nous tous enclins à « choisir » de manière totalement éclairée ?

Les citoyens qui doutent ou qui expriment un rejet voteront-ils « en toute connaissance de cause » ? Voilà qui soulève un enjeu majeur : déployer un processus « pédagogique du vote » pour assurer ce libre arbitre, essentiel à la validation démocratique du suffrage final. Et de son respect. En ayant tout fait pour préserver ce qui nous permet d'être des Français libres.

L'extrême droite, c'est l'autoroute vers le technofascisme

Asma Mhalla

17 juin

« Un vertige total »: voilà comment la techno-politiste Asma Mhalla résume l'interprétation cybertechnologique de la dissolution, mais aussi ce que promet la stratégie du Rassemblement national en matière de nouvelles technologies. Et l'enseignante-chercheuse – à Polytechnique, à Columbia University et à Sciences Po Paris – de mettre en garde contre les dérives illibérales et les « délires éthiques » que suggère l'imbrication d'une idéologie xénophobe, ultrasécuritaire et liberticide dans l'usage des techs. Aux ambitions d'un RN « à la fois très moderne dans son approche utilitariste et techniciste de l'outil, mais parfaitement archaïque dans sa compréhension géopolitique des enjeux », elle oppose un vœu citoyen : « réinvestir le réel, pour réinventer le "nous" ».

Denis Lafay. – Le risque cybercriminel est omniprésent depuis quelques années. Le scrutin des législatives et, immédiatement après, les Jeux olympiques constituent toutefois un objectif d'envergure pour tout pays ennemi, toute force militaire hostile, tout escroc. La France est-elle une proie vulnérable ?

Asma Mhalla. – Pic d'attention et pic d'exposition aux opérations de cyberdéstabilisation vont de pair. En raison de la place qu'elle occupe sur la scène internationale et du rôle clef qu'elle exerce dans la guerre en Ukraine, la France est une cible prioritaire. La succession de ces deux événements l'expose particulièrement à des cyberattaques et à des opérations de manipulation des opinions destinées à désinformer, à brutaliser la parole publique, à amplifier la dissension et *in fine* à provoquer le chaos. À titre d'exemple, Viginum, le service technique et opérationnel de l'État chargé de la vigilance et de la protection contre les ingérences numériques, a récemment communiqué sur une intervention malveillante russe, baptisée Matriochka, qui a consisté à activer de nombreux sites d'information miroir et de faux articles qui ont été relayés de façon coordonnée sur les réseaux sociaux le week-end des élections européennes. En complément du champ informationnel, le dernier rapport de l'ANSSI – l'Agence nationale de la sécurité des systèmes d'information – sur la cybermenace indique l'explosion du nombre de cyberattaques, dont une grande partie est orchestrée par les groupes étatiques ou paraétatiques russes. La Chine est désormais également un acteur de la menace, avec une prédominance dans des actions de cyberespionnage.

Denis Lafay. – Et ce pourrait être d'autant plus aisé dans le contexte incandescent surgi de la dissolution : le pays est à l'acmé de sa polarisation, le marasme politique est inédit, la fragilité institutionnelle est prégnante.

Asma Mhalla. – Effectivement, dans le contexte de politique intérieure actuel, il suffit de souffler sur les braises pour enflammer un bûcher déjà bien vif et symptomatique des nouvelles conflictualités cyberhybrides. Lesquelles sont complexes à circonscrire, car les opérateurs sont souvent liquides : ils composent un aréopage d'acteurs étatiques, paraétatiques ou privés coordonnant des opérations de cyberdéstabilisation étrangères qui deviennent à leur tour organiques, métabolisées, pour ne pas dire parfois blanchies par les relais d'opinion représentant des extrêmes.

Denis Lafay. – Prendre le risque de couper la tête du ministère de l'Intérieur quelques jours avant la cérémonie d'ouverture des Jeux, est-ce donner aux forces extérieures de déstabilisation le « bâton pour nous battre » ?

Asma Mhalla. – Indiscutablement. Au regard de l'enjeu sécuritaire des Jeux, la décision de dissoudre l'Assemblée et surtout de convoquer aussi hâtivement des élections – potentiellement promises à être perdues par la majorité et donc à provoquer une cohabitation – est tout sauf rationnelle. Faire barrage aux menaces en matière de cybersécurité et de cyberdéfense réclame de la stabilité, de la cohérence, une coordination sans faille des services, et aussi de montrer à nos adversaires un visage solide, compact, uni, préparé. Bref, à peu près tout l'inverse de ce que nous délivrons comme triste spectacle depuis le 9 juin. Afficher un tel désordre politique, et donc une telle fébrilité, est très problématique. Emmanuel Macron est en train de voir son influence politique très fragilisée au sein de l'Union européenne, au moment où l'on doit attribuer les « top jobs », mais aussi lors du dernier sommet du G7. Toutefois, j'insiste : attention à ne pas confondre le gouvernement et notre appareil d'État. La France est bien armée pour contrer les cybermenaces, ses institutions continuent de travailler indépendamment de la crise politique que nous traversons. Sa doctrine, son administration et ses services de renseignement lui confèrent de solides atouts pour résister aux cyberattaques et aux tentatives de cyberespionnage. Solides, mais par définition pas inviolables.

Denis Lafay. – Que sait-on du rapport que le RN entretient avec les nouvelles technologies ?

Asma Mhalla. – D'un point de vue programmatique, la question est passionnante, car elle pointe la fragilité de la pensée politique du RN. Les lignes doctrinales du RN sont construites autour des thématiques de la souveraineté (pour ne pas dire du souverainisme), de la priorité nationale, de la fermeture de frontières, d'une méfiance d'intensité variable – car politiquement opportuniste – à l'égard de l'Union européenne. Naturellement, nous aurions pu croire qu'ils auraient porté un discours anti-GAFAM et anti-Union européenne. Une sorte de *France first*. Or, dans leur programme, on retrouve des propositions consensuelles et incantatoires sur l'orchestration de grands projets européens autour du *cloud* ou de l'IA, et surtout un silence assourdissant concernant les BigTech américains ou chinois. Pas grand-chose sur les enjeux des réseaux sociaux ou des écrans, par ailleurs. Une inflexion ultralibérale hostile à la réglementation semble se dessiner, si l'on en croit un excellent papier de la revue *Telescope*[1]. Au contraire, même, le parti semble percevoir la taxe GAFAM comme une aubaine pour financer les services de la Poste. La question de la souveraineté technologique est donc portée de façon molle, pour ne pas dire sans grande conviction forte, semblant reprendre le minimum syndical en piochant dans quelques propositions provenant des kilomètres de rapports et de recommandations récemment produits par l'Assemblée nationale ou le Sénat. En revanche, au sein de leur parti, l'usage de l'IA et de CHATGPT (IA générative de OpenAI) est fortement encouragé, des formations sont organisées pour aider les élus à élaborer leurs campagnes, etc. D'autant que nombre d'élus RN,

1. Baptiste Manzinali, « Comment le RN et Jordan Bardella se sont emparés des questions sur l'IA », *telescopemag.fr*, 13 juin 2024.

à commencer par Jordan Bardella, sont de la génération « Digital Natives ». Son succès auprès des jeunes sur TikTok est incontestable. Chez eux, l'emploi des réseaux sociaux et la compréhension des outils technologiques sont inscrits naturellement dans les usages.

Denis Lafay. – Simpliste, binaire, directe, manipulatoire, décomplexée : la rhétorique de leurs messages programmatiques se prête également à l'emploi de ces technologies.

Asma Mhalla. – C'est en effet une autoroute qu'il utilisent sans peine, malgré les incohérences que je viens de pointer. Notre manque d'autonomie technologique est une autoroute rhétorique aux discours souverainistes, puisque le sujet des nouvelles technologies et de l'IA met en exergue la dépendance de la France et de l'Europe aux géants américains en premier lieu. L'absence, en France, de véritable stratégie scientifique, industrielle, écosystémique, et donc le déficit de *souveraineté*, fait la part belle aux arguments *souverainistes* des formations d'extrême droite ; mais comme chez n'importe quel parti, la question technologique est secondaire par rapport aux enjeux de pouvoir d'achat et d'immigration. C'est d'ailleurs Marion Maréchal et Reconquête !, qui était alors encore son parti, qui vont résoudre l'« équation technopolitique » : l'une de leurs propositions, délirante, est d'augmenter les capacités en IA et en robotique pour lutter contre l'immigration. Des robots plutôt que des immigrés: en gros, un grand remplacement, mais version technologique! L'usage de la technologie comme autoroute vers une forme de technofascisme... Un vertige total.

Sur les questions technosécuritaires, il y aurait également matière à craindre des distorsions très graves de l'esprit même de notre État de droit, la rhétorique sécuritaire, agrémentée de relents ségrégationnistes, étant au cœur de l'ADN.

Enfin, sur le plan industriel, la principale réponse au déficit français étant l'Europe, et l'Europe étant vouée à être fragilisée si le RN accède au pouvoir, ce n'est pas demain que nous relèverons le niveau de souveraineté nationale! La réalité des rapports de force dans le monde est l'extrême interdépendance, ce n'est pas le fantasme de l'autarcie.

Denis Lafay. – Mais quelle est la logique de souverainisme national quand les nouvelles technologies convoquent des techniques, des acteurs et une articulation espace-temps qui n'ont pas de frontières?

Asma Mhalla. – L'extrême droite n'a absolument pas intégré cette réalité à son discours. Preuve soit qu'elle la méconnaît, soit qu'elle la manipule. L'extraterritorialité physique est le substrat même des nouvelles technologies, et cela disqualifie donc la promesse de gérer, de contrôler, de maîtriser la recherche et l'industrie des nouvelles technologies à l'intérieur des frontières françaises. Les enjeux de cyberdéfense, de cyberinfluence, de cyberespace se traitent-ils au poste-frontière ? Le RN pense-t-il que c'est en fermant à double tour les côtes françaises qu'il trouvera la parade aux ingérences étrangères et aux guerres hybrides exercées dans le cyberespace, cinquième domaine de la guerre ?

Les nouvelles technologies questionnent en profondeur l'idée d'État-nation ; questionner ne signifie pas nécessairement anéantir, mais plutôt interroger et remettre à jour les articulations et le fonctionnement de ce que l'on nomme souveraineté, désormais plus liquide, distribuée entre acteurs publics et privés, parfois extracommunautaires comme les géants technologiques. Comment alors repenser le rôle et la place de l'État ? C'est un sujet passionnant, mais qui suppose une certaine plasticité de pensée là où les dogmatismes sont par nature rigides.

Denis Lafay. – La force de frappe technologique de l'IA et des algorithmes couplée à l'orientation idéologique constitue une arme massive d'influence sur les consciences. Et donc une double menace, d'ordre éthique et contre la démocratie. Que peut-on craindre concrètement ?

Asma Mhalla. – Le programme de Marion Maréchal de substituer des « super robots » aux humains indésirables et chassés est un exemple d'intention politique et idéologique insérée dans l'outil technologique. Mais plus généralement, l'usage natif que certains jeunes leaders de la droite extrême française ont des réseaux sociaux peut en effet être un outil de persuasion, de recrutement, de mobilisation. Charge aux camps d'en face de monter à leur tour en compétence. Et puis il y a un talent inné – avec Marion Maréchal ou Jordan Bardella – à incarner quelque chose de très fort, immédiatement identifiable, qui peut susciter l'adhésion des jeunes. Qui incarne quoi à gauche ?

Denis Lafay. – La popularité de Jordan Bardella auprès de la jeunesse – tout comme celle des hiérarques de LFI – tient donc en partie à son utilisation des réseaux sociaux, en premier lieu le… chinois TikTok. L'érotisation des mises en scène sur les réseaux sociaux participe-t-elle au succès d'une stratégie de communication technologique ?

Asma Mhalla. – La sophistication des outils ne cesse de progresser. L'emploi de faux comptes pour « créer l'événement sans en être officiellement l'auteur », ce que l'on appelle *l'astroturfing*, fait partie de la panoplie. Pendant la campagne des européennes, une vidéo TikTok montrait Marion Maréchal dansant de manière très sensuelle sur une musique *deep house*. Était mise en scène une image très attractive d'elle, qui tranchait avec celle, radicale, que diffusent son discours politique et l'étiquette Reconquête ! d'Éric Zemmour. Elle s'en était désolidarisée, avait clamé l'ingérence d'un faux compte ou d'une *deep fake* ayant usurpé son identité, et au final on ne connaîtra pas l'origine. Mais le mal, ou plutôt le *bien* était fait : valoriser son image auprès d'un public jeune qui ne retiendra que la vidéo, pas la supposée machination.

Denis Lafay. – L'attention d'un public finalement à l'image de l'époque : la forme domine le fond, le spectacle la connaissance, l'immédiateté le recul, l'instantanéité la distance, et l'image la véracité…

Asma Mhalla. – Avec tout le respect que je leur dois, François Hollande n'est pas Jordan Bardella, Olivier Faure n'est pas Marine Le Pen. Les poids lourds *old school* de la politique sont dépassés par les codes communicationnels que le RN maîtrise parfaitement.

Votre question renvoie à un fait : nous vivons un tournant civilisationnel, au sens où le « bruit », judicieusement exploité par un encapsulage technologique puis traduit en datas, dicte le débat public, le débat médiatique, et donc le débat politique, le débat au travail, et même le débat dans nos sphères privées. Le brouhaha permanent crée une censure non par le bâillon, mais par la saturation cognitive, un nivellement de contenus éphémères, un clic, une image, une punchline bien sentie chassant l'autre. Ne reste alors plus que la théâtralité, la mise en scène de mots vidés de leur sens… De cela, nous sommes d'ailleurs collectivement responsables et cela pointe le manque d'exemplarité de l'ensemble des responsables politiques, les premiers à dégainer leurs tweets.

Denis Lafay. – Que sait-on par ailleurs du rapport que le RN entretient plus globalement avec le « progrès » ?

Asma Mhalla. – Pas grand-chose d'exceptionnellement disruptif à ma connaissance, uniquement les quelques promesses usuelles. Je n'ai pas tellement entendu la direction du parti exposer une quelconque orientation ou le moindre programme précis, chiffré, sur la recherche. Si elle applique à la recherche publique le même vœu de privatisation qu'à l'audiovisuel public, on peut être inquiet ! Pour résumer, le RN aborde le sujet technologique de manière contrastée : à la fois très moderne dans son approche utilitariste et techniciste de l'outil, mais parfaitement archaïque dans sa compréhension géopolitique des enjeux si l'on repense à sa définition de la « frontière » mise à l'épreuve des cyberconflits qui se jouent à bas bruit, sur le long terme et sous le seuil.

Denis Lafay. – Sur un plan éthique, la finalité idéologique qu'il est susceptible d'en faire interroge le sens du progrès. On peut être féru de progrès technologique et arrimer cette sensibilité à un objectif – restriction des libertés, discriminations, etc. – contraire au principe universel de progrès.

Asma Mhalla. – Absolument. Ce qui induit de poser les bases d'une conception sinon universelle, au moins partagée du progrès humain. Et puis, de quel type de progrès parle-t-on au juste ?

Est-ce un progrès que de servir le progrès de la xénophobie, des stigmatisations ethniques, de la fragmentation des groupes sociaux ?

Denis Lafay. – De la Turquie à la Hongrie en passant par les États américains trumpistes ou la Pologne – qui s'en est momentanément délivrée le 15 octobre 2023 à l'issue du scrutin… législatif –, les exemples de dérive illibérale de démocraties historiques ou naissantes ne manquent pas. Les nouvelles technologies sont un levier – parmi d'autres : nominations complices dans les médias publics ou l'enseignement supérieur, révision de la charpente judiciaire ou des manuels scolaires, compression subtile des libertés individuelles, désignation permanente de boucs émissaires, compression des moyens publics affectés à la culture, etc. En France, les institutions sont-elles suffisamment solides pour faire front ?

Asma Mhalla. – Il est important de rappeler d'abord que la France est coiffée par des réglementations européennes fortes (IA Act, Digital Services Act, Digital Market Act, et, avant cela, le fameux RGPD) qui, bien qu'imparfaites, ont le mérite d'exister. Les grands acteurs technologiques doivent s'y plier, même si on peut interroger la capacité réelle de mise en œuvre, parfois lourde et lente, de tels textes face à l'hypervitesse de ces technologies.

Mais le plus inquiétant est que la gouvernance actuelle de ces acteurs technologiques, qui restent des entreprises privées – bien que propriétaires d'infrastructures technologiques d'utilité publique –, est tributaire des penchants idéologiques des grands entrepreneurs de la Tech américaine. Or une partie de l'élite technologique américaine, d'Elon Musk à Peter Thiel, penche franchement vers l'Alt-Right américaine, poussant un discours parfaitement compatible avec les populismes et l'extrémisme idéologique…

Denis Lafay. – … et moults sujets peuvent créer la synchronisation d'intérêts. Exemple : au nom de la sécurité *légitimement* attendue par une grande partie des électeurs, on *légitime* l'emploi de l'IA pour une reconnaissance faciale et une technosurveillance « à la chinoise » ; les acteurs du secteur se sentent alors *légitimes* pour exaucer l'aspiration citoyenne…

Asma Mhalla. – La France est dotée d'importants contre-pouvoirs et d'une architecture institutionnelle solide. Pour autant, en effet – et votre exemple le montre bien –, des intérêts *a priori* indépendants peuvent converger sur l'autel technologique. L'État est une construction politique, on peut parfaitement défaire ce que l'on a fabriqué, et ce que nous croyons acquis peut soudain disparaître. Restons vigilants quant à nos libertés fondamentales ! Ne sombrons surtout pas dans une forme de lassitude passive !

De plus, la capacité des réseaux sociaux de relayer, d'amplifier, de radicaliser et enfin de massifier les passions – fondées comme complotistes – jusqu'à créer une fièvre collective ou un assentiment général est redoutable. Cette capacité de sensibiliser et d'influencer les consciences est sans limites.

Demain, qu'est-ce qui empêcherait une force politique de « labourer » méthodiquement l'espace médiatique et d'en saturer les contenus – *via* les réseaux sociaux, la maîtrise algorithmique et un bon emploi de l'IA – afin d'instiller le doute sur la légitimité du droit à l'avortement ? De recruter des influenceurs pour banaliser ce qu'on croyait intolérable ou menacer ce qu'on pensait inviolable ? De s'acoquiner avec des puissances étrangères pour déstabiliser son opposition ou ensommeiller sa population ? Rappelons-nous les scandales récents autour des logiciels espions. La promesse d'internet était l'horizontalité ; « mal » tenue, celle-ci peut devenir une arme pour rendre l'inacceptable acceptable.

Denis Lafay. – Dans l'hypothèse d'une formation extrémiste et liberticide aux commandes du gouvernement, sous quelles formes les nouvelles technologies pourraient-elles servir une résistance citoyenne et démocratique – si celle-ci venait à germer ?

Asma Mhalla. – Les technologies, réseaux sociaux et IA en tête, ne sont jamais qu'un outil, que la main de l'Homme fait le choix de déployer en faveur de tel ou tel dessein. On a vu combien elles ont soutenu les soulèvements populaires dans les dictatures arabes ou la dénonciation des violences policières racistes aux États-Unis, on voit comment le régime de Vladimir Poutine les emploie pour anéantir l'Ukraine. Elles ont un atout : elles sont la clef de voûte pour fédérer et organiser un mouvement populaire. Elles ont une limite : elles s'exposent à l'entrisme de volontés contre-influentes et peuvent être manipulées au profit de la désinformation et de la déstabilisation. Cette ambivalence, le mouvement des Gilets jaunes en a été l'incarnation.

Mais je crois surtout que la résistance efficace, la résistance constructive, s'organise ailleurs que sur les réseaux sociaux : dans le réel. C'est-à-dire dans les espaces où l'on se voit, se parle, dialogue, partage *physiquement*. Là où il n'y a pas de place pour la manipulation, là on peut bâtir *vrai*, en transparence et solidement. Là où on se protège des modèles économiques, plus précisément du capitalisme pulsionnel qui enflamme la polarisation des consciences. Réinvestir le réel autorise le vœu de reconstruire *du* « nous », de réinventer *le* « nous ».

Le RN, c'est l'assurance de la ruine civile et écologique

Dominique Méda

21 juin

« On a l'impression d'une double dissolution : de l'Assemblée nationale et de la société tout entière » ; la sociologue et philosophe Dominique Méda ne décolère pas contre Emmanuel Macron, qui « ne comprend rien de la société » et dont elle avait lié la victoire en 2017 à celle, « plus tard », de l'extrême droite. Elle livre son effroi devant un processus de déréliction qui semble inarrêtable, elle argumente sa vive inquiétude face au projet économique, social, sociétal et anti-européen du Rassemblement national. Mais elle garde espoir. D'une part dans la société pensée par le Nouveau Front populaire, d'autre part dans un renouveau démocratique auquel elle invite toutes les parties prenantes, y compris patronales, à participer. « Donnons-nous le droit de rêver ». Et pour cela, « mettons-nous au travail ».

Denis Lafay. – Philosophe, sociologue et haute fonctionnaire : de ces trois points de vue, comment interprétez-vous ce moment historique ?

Dominique Méda. – Ayant été formée à la philosophie, je suis effrayée par la place qu'a prise la sophistique dans la politique. Depuis ses origines, la philosophie est un effort pour lutter contre ceux qui, au lieu de chercher la vérité et la justice, trompent les gens auxquels ils s'adressent avec des raisonnements fallacieux, des illusions et de beaux discours pour gagner leurs faveurs. On a l'impression aujourd'hui qu'une partie des politiques disent n'importe quoi, mentent sciemment pour obtenir les votes de celles et de ceux qui souffrent et qui n'ont pas le temps d'aller vérifier leurs propos ou de s'enquérir des conséquences des politiques proposées.

Comme sociologue, je suis désolée que nos dirigeants politiques ne lisent pas plus les travaux qui depuis des années alertent sur l'énorme malaise de la société française et apportent des explications.

Comme haute fonctionnaire, je suis convaincue que les choix appliqués depuis une trentaine d'années dans notre pays ne sont pas les bons et que nous avons octroyé trop d'importance au prisme économique, économiciste, au lieu de nous intéresser aux conditions de vie concrètes de nos concitoyens. Et j'englobe évidemment la gauche dans cette critique.

Denis Lafay. – Ces trois interprétations sont-elles de nature à plutôt rassurer ou à plutôt effrayer davantage la « citoyenne » que vous êtes ?

Dominique Méda. – Je suis très inquiète. On a l'impression d'une dissolution non pas seulement de l'Assemblée, mais de la société tout entière, d'un processus de déréliction que l'on ne voit pas comment arrêter. Les digues ont lâché, chacun peut dire n'importe quoi, on sent que la violence va monter, les communautés sont dressées les unes contre les autres alors que nous avons besoin de concorde, d'écoute, de compromis dans un monde où de puissants empires cherchent à nous affaiblir.

Denis Lafay. – Que n'« a pas fait » ou qu'« a trop fait » Emmanuel Macron, depuis 2017, qui justifie ce chaos politique ?

Dominique Méda. – Emmanuel Macron porte une énorme responsabilité. J'ai commencé à le raconter dans *C'étaient les années Macron*[1]. Il ne connaît pas la société, il ne comprend rien d'elle. Il a passé son temps à souffler sur les braises, à déverser son mépris sur les plus modestes des concitoyens. Il a offert une incarnation concrète au dogme de l'économie néolibérale. Celui-ci suggère en effet que les syndicats, le salaire minimum, la protection sociale, les règles constituent des obstacles à la compétitivité des entreprises et des pays, et qu'il faut les supprimer. Emmanuel Macron a réussi à conférer une dimension pratique à cette

1. Dominique Méda, *C'étaient les années Macron*, Paris, Flammarion, 2022.

théorie en insultant les chômeurs, en privant les syndicats de pouvoir, en n'écoutant jamais. Ses premiers faits d'arme avec les Gilets jaunes ont donné le *la* : au lieu d'écouter, d'essayer de comprendre et surtout de se rendre compte qu'il avait commis une immense erreur en augmentant les prix des carburants sans anticipation ni accompagnement social, il a laissé la situation s'envenimer et la police frapper, il a regardé la France être mise à feu et à sang avant d'enfin prendre des mesures. Ceux qui n'avaient pas encore compris ont su à ce moment-là que nous entrions dans une spirale délétère. La politique, ce n'est pas cela.

Denis Lafay. – Quelle est votre définition de la politique ?

Dominique Méda. – La politique, c'est écouter, tenter de forger des compromis, c'est surtout anticiper, prévoir, accompagner. Jamais Emmanuel Macron n'été capable de cela. Pour la présidentielle de 2017, j'avais soutenu la campagne de Benoît Hamon – non pas parce que je partageais toutes ses idées, mais parce que je suis social-démocrate – ; et à l'époque, je me souviens avec précision, nous affirmions : si Emmanuel Macron gagne, ce sera la voie ouverte à l'extrême droite. C'était évident : si vous voulez gouverner au-delà de la droite et de la gauche, il ne vous reste plus comme opposant que l'extrême droite.

Denis Lafay. – Vous ne vous êtes jamais cachée de vos engagements militants, ni d'angler vos travaux dans une certaine *vision* de l'économie et de la société. Le programme de l'hétéroclite alliance du Nouveau Front populaire est-il crédible et soutenable lorsque sont listées les répercussions qu'il pourrait avoir sur les marchés financiers, l'emploi, la dette publique, la santé des entreprises ?

Dominique Méda. – Permettez-moi de préciser : je ne suis pas une militante, je suis une universitaire convaincue de certaines valeurs et qui ne cache pas celles-ci. C'est un peu différent.

Malheureusement, nous ne pouvons plus raisonner comme avant : le programme est-il crédible, combien de milliards en plus, combien de déficit en moins… ? Deux grands périls nous menacent, bien plus inquiétants que le non-respect des équilibres budgétaires : l'effondrement écologique et le chaos civil. Le RN nous promet les deux. Il met tout son soin, d'une part à détricoter les mesures nécessaires pour ralentir et adoucir les catastrophes écologiques qui s'annoncent, d'autre part à dresser les concitoyens les uns contre les autres, à diviser profondément la société, à prendre le risque d'une guerre civile.

En face, le Nouveau Front populaire engage enfin un renversement du processus délétère qui a conduit à la situation actuelle : financiarisation du monde, globalisation sans limites, enrichissement outrancier des uns et appauvrissement effrayant des autres, déchaînement des capitaux privés contre les biens communs… Il replace au centre la question du rapport entre capital et travail, propose d'améliorer la condition des plus modestes en augmentant les prélèvements sur tous ceux que la globalisation a enrichis, redonne du pouvoir aux travailleurs, prend au sérieux la question écologique, préconise la réindustrialisation du pays au sein d'une Europe qui se protège.

Alors, oui, la plupart de celles et de ceux qui lisent ce journal vont payer un peu plus d'impôt. Oui, les revenus du capital vont être taxés comme le travail. Oui, on va prendre des mesures pour que les gens meurent moins *au* travail et *du* travail. Oui, on va remettre des services publics, des enseignants et des soignants. Est-ce si horrible que cela ? Cela me paraît au contraire très raisonnable. Certes, il faudra être vigilant quant aux dispositions qui concernent les entreprises ; mais il faut maintenant discuter sérieusement de ce qui doit être engagé en matière de crédit impôt recherche, d'exonération de cotisations sociales… sans se mentir, et en accordant vraiment de l'attention au point de vue des uns et des autres. Pour une fois, employons-nous à placer l'intérêt général au centre du jeu.

Denis Lafay. – L'ADN de la social-démocratie est la raison et le pragmatisme ; le programme du Nouveau Front populaire fait la part belle à l'idéologie, et même à un stigmate de notre époque : la radicalité, la fragmentation, l'antagonisation des rapports sociaux et humains…

Dominique Méda. – Ah bon ? Donc : quand on tape sur les chômeurs, quand on dit qu'il faut mettre un terme à l'État-providence, quand on juge que les prélèvements obligatoires sont trop élevés, quand on décrète qu'il ne faut augmenter les impôts de personne, ce n'est pas de l'idéologie ; mais lorsqu'on défend l'idée de davantage d'égalité dans la société, qu'on s'indigne des vitrines de Barnes exhibant des appartements à 7 millions d'euros, qu'on fustige la rémunération de certains dirigeants ou la manière dont des villes sont investies par les magasins de luxe, qu'on déplore des conditions de travail trop difficiles pour beaucoup, qu'on pense à la détresse de ceux qui perçoivent 1 000 euros par mois, c'est de l'idéologie ? Stop !

Là où je vous rejoins en revanche, c'est qu'en effet nous devons cesser de considérer l'espace et la scène publics comme un ring de boxe et nous efforcer de faire plus de place, j'insiste, à la nuance et au compromis. Car, de fait, il existe des intérêts différents dans la société, dont nous devons tenter de faire une partition. Nous devons toujours essayer de mettre au centre l'intérêt général et la cohésion sociale.

Denis Lafay. – À l'opposé du spectre, le Rassemblement national distille au compte-gouttes son programme, avançant « caché » pour ne pas exposer ses failles. De ce que l'on en connaît, « tout » vous apparaît-il blâmable et/ou intenable ? Après tout, il cible l'intérêt des mêmes couches populaires ou « abandonnées » lorgnées par le Nouveau Front populaire.

Dominique Méda. – Certes, mais il propose d'améliorer leurs conditions non pas en rétablissant une forme d'égalité et de solidarité entre tous les concitoyens, mais en niant la légitimité d'une fraction de ceux-ci à faire partie de la communauté nationale. Je veux bien que l'on critique la faisabilité du programme du Nouveau Front populaire, mais comment penser que les propositions du RN pourront être financées juste avec les économies réalisées sur certaines prestations sociales ou certaines politiques ciblées sur les immigrés ? Car ce qui doit être souligné, c'est le refus du RN comme de Renaissance de procéder à la moindre hausse des impôts. L'un et l'autre utilisent le même subterfuge : se draper dans le rejet de tout accroissement d'impôt, en faisant l'impasse sur le fait qu'il ne s'agit pas d'augmenter ceux des plus modestes, mais ceux des plus aisés. Comme l'explique l'économiste turc Dani Rodrik, les inégalités croissantes auraient dû conduire de nombreuses personnes à voter à gauche, mais les partis d'extrême droite sont parvenus à imposer une autre grille de lecture et à capter ainsi ce vote à leur avantage. Il faut dévoiler cela.

Denis Lafay. – Vous êtes une spécialiste du traitement de trois formes d'inégalités : économiques, sociales et sociétales, la plupart d'entre elles interdépendantes. Le RN au pouvoir, c'est l'inflammation immédiate de ces trois « familles » d'inégalités ?

Dominique Méda. – Oui, je le crois. Son programme préserve, voire augmente, les inégalités économiques puisque aucun prélèvement supplémentaire n'est opéré sur les plus riches, bien au contraire – le patrimoine immobilier, qui a pris une immense valeur, est exonéré. Il fait exploser les inégalités entre les personnes immigrées voire issues de l'immigration qui vont être harcelées, non pas seulement par les politiques, mais dans la rue. La préférence nationale constitue une énorme discrimination.

Denis Lafay. – Nous avons déjà oublié le scrutin européen, et sommes focalisés sur l'élection domestique. Le RN au pouvoir, c'est aussi la dislocation de l'Union européenne. Il semble que ce soit relégué dans la mémoire des votants du 9 juin qui s'étaient portés en faveur du RN pour « simplement » manifester leur rejet de la majorité. Leur rappeler ce que signifiera l'Europe en cas de victoire du RN n'est pas inutile.

Dominique Méda. – Oui ! Or il est absolument nécessaire et même vital de consolider l'Union européenne. De l'améliorer, bien sûr, mais aussi de la consolider. C'est la seule chance de résister aux coups de boutoir de plus en plus forts qui vont être assénés, sous toutes les formes possibles, contre notre pays par les empires. Nous devons, d'une certaine manière, nous constituer nous-mêmes en empire pour y faire face. C'est pour cela que les appels au retour à l'État-nation et le repli sur nos pays me semblent très dangereux.

L'enjeu, c'est de parvenir à construire un empire européen fort mais démocratique, et qui respecte le plus possible l'autonomie des États-membres. Pour moi, c'est l'enjeu du siècle.

Denis Lafay. – Le « travail » cristallise des sujets aussi fondamentaux que l'accomplissement de soi, les relations humaines, les rapports sociaux, l'inclusion dans la société, etc. Comme toujours, il est absent des débats. Quel qu'en soit le vainqueur – mais pour des raisons différentes –, sera-t-il le grand perdant du scrutin ?

Dominique Méda. – Je ne crois pas. D'abord, le travail est central dans le programme du Nouveau Front populaire. Il est remis au centre en premier lieu parce que les mesures affectées à la réduction de l'indemnisation chômage et à la retraite sont supprimées. Les chômeurs vont donc pouvoir chercher un emploi qui corresponde à leurs compétences (et ne pas en accepter obligatoirement un sans qualités), et ceux qui avaient déclaré ne pas pouvoir poursuivre leur dur labeur jusqu'à la retraite vont pouvoir reprendre leur souffle.

Ensuite, des discussions devront s'engager avec les syndicats, les organisations professionnelles, les chercheurs spécialisés, pour réinventer une réforme des retraites *juste* et *responsable*. Par ailleurs, le programme planifie l'augmentation des effectifs dans les services publics : c'est essentiel. Une grande partie du malaise au travail vient de la réduction drastique desdits effectifs. La hausse des salaires, et notamment du SMIC, est une mesure majeure pour les travailleurs. Le programme préconise également de réhabiliter les critères de pénibilité et les CHSCT supprimés en 2017, et aussi – c'est très important – d'emprunter la voie de la codétermination, puisqu'il est prévu que le tiers des conseils d'administration sera composé de représentants des salariés. C'est certes plus timide que ce que des chercheurs de plus en plus nombreux prônent. Par exemple, dans *Le Manifeste Travail*[1], nous proposons la parité dans les conseils d'administration et plus généralement la participation des travailleurs et de leurs représentants aux choix stratégiques et à la nomination des dirigeants, comme le préambule de la Constitution de 1946 l'indique : « Tout travailleur participe, par l'intermédiaire de ses délégués, à la détermination collective des conditions de travail ainsi qu'à la gestion des entreprises. »

Denis Lafay. – Les forces patronales se sont exprimées sur les programmes du RN et du Nouveau Front populaire, les renvoyant dos à dos pour les dégâts qu'ils provoqueront sur l'économie. À propos du RN, ont-elles tort de ne pas énoncer une « position morale » ?

Dominique Méda. – Oui. Même les sportifs l'ont fait... Le patronat gagnerait à affirmer plus

1. Isabelle Ferreras, Julie Battilana et Dominique Méda (dir.), *Le Manifeste Travail; démocratiser; démarchandiser; dépolluer*, Paris, Seuil, 2020.

souvent des positions morales. D'une façon générale, nous gagnerions *tous* à accorder une place à l'éthique dans l'économie. La discipline s'est considérablement appauvrie en oubliant cette dimension essentielle. Or quand on observe la manière dont la financiarisation et l'obsession de la valeur pour l'actionnaire ont détruit le potentiel productif de nos pays, on mesure le chemin à parcourir… Les chefs d'entreprise et leurs instances patronales représentatives ont un rôle majeur à exercer dans la réflexion sur notre modèle économique et social, sur les risques d'un capitalisme sans limites, sur les modalités de la réindustrialisation. Nous devons remettre la question *de ce qu'est l'entreprise* et *des objectifs qu'elle sert* au centre de nos discussions.

Denis Lafay. – *A contrario*, des syndicats ostensiblement engagés dans les manifestations anti-RN aux côtés du Nouveau Front populaire outrepassent-ils leurs prérogatives ?

Dominique Méda. – Il ne me semble pas. Souvenez-vous des années 1970 : les syndicats étaient pleinement engagés dans les débats sur l'écologie, sur les conditions de vie. La CFDT émettait un avis sur tous les grands sujets de société. Je regrette l'époque, car ces corps intermédiaires se souciaient des choix sociaux, ils plaçaient en permanence l'enjeu des conditions de vie des travailleurs au centre des combats politiques. Je déplore aussi que les partenaires sociaux aient peu à peu été évincés de la responsabilité de pans entiers de notre protection sociale ; dans les pays du Nord, les décisions qui concernent le monde du travail ne peuvent pas être prises sans eux.

Denis Lafay. – D'ici au 8 juillet au matin, l'éventail des scénarios politiques est vaste, et donc anticiper l'un d'eux est inepte. En revanche, et alors sous quelles formes, redoutez-vous dans les semaines et les mois suivants une explosion sociale ? La robustesse de nos institutions sera-t-elle suffisante ?

Dominique Méda. – Inepte est un terme exagéré. Les Français vont choisir l'un des scénarios. Ce qu'on aimerait, c'est qu'ils le fassent en pleine connaissance de cause. Or quel est leur degré de discernement et de libre arbitre ? Aujourd'hui, trop de médias sont possédés par des milliardaires qui, on le sait, orientent considérablement les débats et les visions. C'est catastrophique, extrêmement dangereux. Et cela constitue un obstacle immense à la démocratie.

Denis Lafay. – Veillons à ne pas globaliser. *La Tribune* est propriété de CMA Média, la filiale de CMA CGM, or vous constatez que votre parole y a toute sa place...

Dominique Méda. – Dont acte *(rire)*. Tant mieux pour vous, pour moi et pour la démocratie. Et j'ajouterai à cette liste des médias indépendants des pressions de riches propriétaires,

Le Monde. Mais dans d'autres groupes possédés par d'immenses intérêts privés, est-ce le cas ? Notre démocratie a un besoin vital de médias indépendants, et bien sûr aussi de médias audiovisuels publics. Or quand je vois dans le programme du RN la détermination de les privatiser… j'enrage. Mesure-t-on les conséquences sur notre démocratie d'une telle décision ? Imagine-t-on Radio France ou France 2 aux mains du groupe Bolloré ?

Denis Lafay. – Aucun scénario n'est heureux. D'ailleurs, la tétanie a gagné toutes les forces politiques, toujours dans la sidération de l'impétueuse décision d'Emmanuel Macron. La trace qu'elle laissera dans l'Histoire sera-t-elle, « de toute façon », funèbre ?

Dominique Méda. – Si, il existe un scénario heureux : la victoire du Nouveau Front populaire, suivie de la nomination d'un Premier ministre de consensus et de compromis. Je sais que certaines personnes ne partageront pas mon opinion, mais j'ai beaucoup apprécié l'idée de Raphaël Glucksmann de proposer cette fonction à Laurent Berger. Voilà quelqu'un qui connaît le monde du travail, qui est cohérent dans ses choix, qui a une ligne de conduite éthique. D'autres options existent, bien sûr. Mais il faut que cette personne installée à Matignon recueille le consensus le plus large possible. Qu'elle s'entoure de personnalités intègres.

Et puis, rêvons. Un espoir se lève dans le pays. Tout le monde se retrousse les manches. On sort des postures. On parle, on échange, partout, dans les villes, dans les entreprises. On voit ce qui peut être engagé tout de suite dans le programme. On se serre les coudes. On remise les idées rances au placard. On permet à toutes les énergies de se déployer. On se met au travail.

Jamais je n'aurais imaginé revivre un tel cauchemar

Boris Cyrulnik

24 juin

« J'entends les mêmes mots, j'observe les mêmes haines, les mêmes lâchetés, la même désunion qui enténébraient le début de mon existence à la fin des années trente. Jamais je n'aurais imaginé revivre ce cauchemar, être de nouveau hanté par ces abominables discours désormais prêts à irriguer l'exercice du pouvoir. Les historiens aiment assurer que "l'histoire ne se répète jamais". J'avoue ne plus les suivre. » Les logiques de haine, à l'extrême droite et à l'extrême gauche – « Mélenchon, c'est Doriot » –, qui émaillent la campagne des législatives, la désorganisation sociale et les déchirements qui lardent la société française réveillent chez Boris Cyrulnik d'immenses tourments. Le neuropsychiatre livre sa peur, dissèque l'origine et les rouages de cette lente dérive vers le totalitarisme, ausculte le geste « délirant » d'Emmanuel Macron. Et lance un appel: « Réapprenons à négocier la présence de l'autre. Ainsi, de nouveau autrui existera à nos yeux et nous existerons aux yeux d'autrui. »

Denis Lafay. – Vous interveniez à Prague lors d'un congrès de l'Académie des sciences consacré à la résilience, lorsque la double sentence est tombée, le 9 juin au soir: en France, la victoire du pôle d'extrême droite (40 % des suffrages) et, une heure plus tard, la dissolution. Comment vos hôtes ont-ils « reçu » le coup de tonnerre ?

Boris Cyrulnik. – Ils étaient atterrés. Y compris pour eux-mêmes, car ils redoutent que les répercussions sur le fonctionnement et l'avenir de l'Union européenne entravent leur propre développement. Atterrés et dans l'incompréhension, eux qui ont connu les deux extrémités – nazie et communiste – du spectre totalitaire et qui, en 2021, ont écarté le régime du « Trump tchèque » Andrej Babiš. Voilà un peuple érudit, polyglotte, habitué aux mixités transfrontalières avec la Pologne, l'Allemagne, l'Autriche, et bien sûr la Slovaquie, et qui regarde une France qui, elle, fait le choix de l'enfermement à l'intérieur de ses frontières et du rejet des étrangers. Oui, incompréhensible…

Denis Lafay. – On vous sent extrêmement affecté, aussi parce que ce contexte réveille les cauchemars de votre petite enfance, vous qui vous êtes miraculeusement échappé d'une rafle à Bordeaux qui eut raison de votre famille.

Boris Cyrulnik. – Je suis « dans » le *dernier chapitre* de mon existence, et voilà que j'entends les mêmes mots, j'observe les mêmes haines, je déplore les mêmes lâchetés, je constate la même désunion qui enténébraient le *premier chapitre* de ma vie, à la fin des années trente et pendant la guerre. Jamais je n'aurais imaginé revivre ce cauchemar, être de nouveau hanté par ces abominables discours désormais prêts à irriguer l'exercice du pouvoir. Les historiens aiment assurer que « l'histoire ne se répète jamais ». J'avoue ne plus les suivre.

Denis Lafay. – Une nuance tout de même : le RN incarne une politique xénophobe et discriminatoire, mais il est presque parvenu, au moins médiatiquement, à se débarrasser de ses oripeaux antisémites – la désignation (avant mise à l'écart) de candidats antisémites aux législatives rappelle toutefois quelque tenace réalité. Et ces oripeaux, ils s'expriment dorénavant aussi à l'autre extrémité du spectre. Une inversion des attributs provoquée par le conflit israélo-palestinien, exploité d'un côté (le RN) pour s'afficher « pro-Juifs » (Serge Klarsfeld), de l'autre (LFI) pour draguer les suffrages des Français issus de l'immigration. Rangez-vous LFI et le RN dans le même « sac » de l'intolérance raciste ?

Boris Cyrulnik. – Mélenchon, à mes yeux, c'est l'extrême droite. C'est Doriot, le collaborationniste nazi qui avait fondé le Parti populaire français. Je n'ai pas de mots assez durs pour illustrer l'émotion, le dégoût que suscitent au fond de moi les déclarations post-7 octobre des députés LFI, son créateur en tête. Et depuis, leurs tergiversations sur l'acte de barbarie perpétré par le Hamas n'ont pas cessé de m'écœurer. Afin de récupérer les voix des habitants des banlieues issus de l'immigration, ils instrumentalisent le conflit et distillent subrepticement une rhétorique antisioniste, et en réalité antisémite, répugnante. Charles Maurras « aussi » clamait ne pas être antisémite... Peste brune et peste rouge m'inspirent une même nausée.

Denis Lafay. – Vos engagements personnels dans le brasier proche-oriental qui empoisonne la campagne politique française et fracture un peu plus encore la société sont anciens. Vous avez toujours milité en faveur d'un État palestinien, vous êtes régulièrement intervenu en Cisjordanie comme universitaire ou médecin. Non sans risques. L'incohérence rappelle – toutes proportions gardées, bien sûr – celle du 7 octobre : la plupart des victimes de l'atroce pogrom du Hamas, résidentes de kibboutz et fêtards, étaient de sensibilité pro-paix.

Boris Cyrulnik. – À plusieurs reprises, dans mon existence, mes engagements en faveur de la paix m'ont valu des menaces de mort en provenance des extrêmes droites israélienne et française. Tout comme celle d'Edgar Morin, de Robert Badinter ou de Jean Daniel, mon adresse a été publiée sur internet, suivie pendant plusieurs mois d'exhortations à m'assassiner. Des articles négationnistes accompagnés de petits cercueils en bois m'ont été postés. Et je n'ai pas manqué non plus d'être insulté par des individus issus de l'immigration, cette fois pour ma judéité. Bref, des deux côtés d'une adversité que je n'ai jamais cessé de vouloir rapprocher l'une de l'autre et de réconcilier, j'ai été la cible. L'indicible histoire de mon enfance s'est à plusieurs reprises brutalement rappelée à moi. Et dorénavant j'éprouve le même vertige.

Denis Lafay. – C'est la construction européenne qui, au lendemain de la guerre, a initié la réconciliation des nations et, osons le mot: la réhumanisation de peuples qui s'étaient atrocement entredéchirés. Votre génération, qui a suivi la Libération, doit à l'Union européenne la paix, elle a même puisé dans cette construction des éléments du « processus de résilience » que vous avez modélisé et popularisé. Le 9 juin dernier, 40 % des suffrages se sont portés vers un rejet de l'Europe, et l'hypothèse de l'arrivée de Jordan Bardella à Matignon pourrait déchiqueter l'Union. Cette peine vous accable-t-elle tout autant?

Boris Cyrulnik. – Je me répète: l'adage des historiens discréditant toute répétition de l'histoire au nom de contextes sans relation les uns aux autres me semble présomptueux. Si je fais référence à la xénophobie, au repli sur soi et à l'intérieur de ses frontières, à la stigmatisation de groupes religieux ou ethniques, à la marginalisation des plus faibles et au rejet des étrangers, évoqué-je 1935 ou 2024? Bien malin qui peut répondre. Qu'adviendra-t-il de l'Europe si les vingt-sept pays de l'Union ne s'accordent plus sur le soutien à Volodymyr Zelinsky et laissent l'innommable stratégie guerrière de Poutine annexer l'Ukraine ? Personne ne pourra me dissuader de la similitude des époques. Il faut avoir *réellement vécu* et pas seulement étudié dans les livres l'une et l'autre pour émettre un avis fondé.

Denis Lafay. – La société et le paysage politique français sont aujourd'hui davantage que morcelés : scindés. Deux blocs se font face, enserrant un « centre » qui s'est délité au fil des ans et n'est plus guère attractif. Là encore, le parallèle avec les années trente est significatif.

Boris Cyrulnik. – Cette période *ante* Seconde Guerre mondiale, en effet, était fortement clivée. Au PPF de Doriot ripostait un Front populaire dominé par la montée en puissance des communistes. Le « centre » était invisible. Un activisme de gauche violente s'opposait à des mouvements de droite violente. L'*extrême violence* des deux clans divisait et inquiétait la société, et finalement la radicalité de l'un s'est superposée sur celle de l'autre jusqu'à banaliser la violence elle-même. Cette complicité des extrêmes est la même que celle à laquelle nous sommes aujourd'hui confrontés. J'y ajoute une nouveauté : l'érotisation des comportements extrémistes, qui s'applique à l'expression du sadisme et de la démonstration de force.

Denis Lafay. – Cette complicité des extrêmes, qu'illustre-t-elle de notre organisation sociale ?

Boris Cyrulnik. – Justement, son antonyme : la désorganisation sociale. Or à quoi une société désorganisée aspire-t-elle ? À un sauveur, et peu importe le clan qu'il représente.

Denis Lafay. – Qu'avons-nous collectivement perdu, méprisé, négligé, qui a créé ce climat de haine instrumentalisé par les pôles extrémistes et qui affaiblit si dangereusement notre démocratie ?

Boris Cyrulnik. – En premier lieu, la capacité de débattre dans l'écoute, le respect, la nuance. Notre goût du débat démocratique est intoxiqué, le désaccord est synonyme de division alors qu'il est par nature source d'enrichissement mutuel, et nous peinons à trouver des espaces de dialogue.

Denis Lafay. – Ceux-ci semblent réduits aux réseaux sociaux, à des biais algorithmiques, et à des chaînes de télévision qui hystérisent les relations humaines et donc défigurent le débat politique censé éclairer le débat public. Comment y faire face ?

Boris Cyrulnik. – La qualité du *débat politique* est à l'image de l'*offre politique* incarnée par les deux pôles extrémistes : démoralisante. La profusion d'insultes, la quasi-obligation de « faire le buzz » pour être repris sur les réseaux sociaux, le diktat des éléments de langage établis par les « services communication », la hâte qui caractérise les formats des émissions, rendent le débat politique, c'est-à-dire la *confrontation utile d'idées*, impossible. La radicalité est devenue la norme des échanges, elle a dévoyé la démocratie, elle a légitimé et popularisé le visage de l'autoritarisme ; faut-il s'étonner, alors, que le 8 juillet soit peut-être désigné à Matignon Jordan Bardella ou Jean-Luc Mélenchon ?

La place qu'occupe la technologie dans nos sphères professionnelle et personnelle n'est pas étrangère à ce constat. Elle est devenue si importante qu'elle nous coupe de la réalité sensible ; la communication par la technologie a pris le pas sur celle de la parole, du regard, de l'écoute, du geste, du silence, de l'attention, de la considération, c'est-à-dire à la communication par l'humanité. Le débat politique reflète cette vérité.

Quant aux réseaux sociaux, nous savons que leurs algorithmes enferment les utilisateurs dans des schémas et des groupes endogames, dressant ensuite ces groupes les uns contre les autres – avec souvent la complicité complotiste et conspirationniste – et brisant alors la possibilité même de débat respectueux et profitable.

Lorsque j'étais adolescent et sensible au communisme, je me complaisais dans des lectures de journaux qui me confortaient dans mes convictions. Moi-même, donc, m'enfermais. Mais nous avions accès librement à d'autres journaux, et plus tard j'ai pu choisir une presse plurielle grâce à laquelle j'ai découvert l'abomination stalinienne et questionné des certitudes – un séjour en Roumanie à l'âge de 15 ans m'y aida aussi... Ce choix, ce libre arbitre, aujourd'hui la force de frappe technologique nous en dépossède. De plus, comme la lecture a tendance à décliner, une partie de la population s'en remet à ces funestes réseaux sociaux pour construire ses croyances et son argumentaire. Bref, c'est un cycle infernal.

Denis Lafay. – Dans *Mal*[1], qui met en scène l'accomplissement du mal dans le cadre d'un régime politique exercé par... Kevin Darbelat, parvenu démocratiquement au pouvoir, j'explore les facultés technologiques d'endormir, d'assujettir les consciences. Vous-même redoutez-vous que, s'il accède au pouvoir, le RN étende sa stratégie de normalisation et de séduction initiée après 2017 et arraisonne, petit à petit, la capacité de discernement, de libre arbitre, et donc de résistance d'une partie de la population ?

Boris Cyrulnik. – Ce risque de sédimentation idéologique est à mes yeux l'un des plus sournois, et plausible. Je vais l'illustrer par un témoignage. Il y a peu, j'écoutais un journaliste français en poste à Moscou. Il se pensait tout à fait imperméable à la propagande poutinienne, surtout armé de sa conscience et de son expérience de journaliste censées le protéger des influences et des ingérences. C'est seulement une fois de retour en France, confronté à un tout

1. Denis Lafay, *Mal*, La Tour-d'Aigues, l'Aube, 2024.

autre environnement informationnel, professionnel, familial, amical, qu'il a découvert et pris conscience combien en réalité il s'était laissé contaminer, malgré lui. Preuve que même équipé des plus fortes convictions, on ne résiste pas au martèlement permanent et multicanal du récit collectif, et donc à la subreptice tentation de la résignation ou de l'abdication.

Denis Lafay. – Vous évoquez la figure du « sauveur ». N'est-ce pas d'elle qu'Emmanuel Macron se revendique ? N'est-elle pas l'origine de son autocentrisme décisionnel, de sa cécité face à l'évidence de son impopularité, *in fine* de son acte au soir du 9 juin ? Ce dernier, massivement qualifié d'incompréhensible, d'irrationnel, et même de suicidaire, résulte-t-il de la redoutable combinaison de l'*hubris* et de la blessure narcissique ?

Boris Cyrulnik. – Je connais bien Emmanuel Macron… et avant même sa naissance *(rires)*; en effet, dans le cadre de mon internat, j'avais sous ma responsabilité deux jeunes externes : ses parents, dont je conserve un excellent souvenir. J'ai travaillé avec lui pendant presque deux ans dans le cadre de la commission Attali, puis j'ai piloté à sa demande le rapport des « 1000 premiers jours » (de l'existence) remis en 2020.

D'Emmanuel Macron, je retiens d'abord une volonté et une capacité réelles d'écoute et d'attention, une culture et une élégance délicieuses.

Son intérêt pour l'opinion d'autrui est sincère. Mais parfois les actes ne reflètent pas les intentions ou les impressions. Son refus d'entendre certains appels de la communauté scientifique pendant la pandémie Covid-19 et de décider seul contre eux, seul contre les plus compétents, en est une illustration.

Ce que révèle son inexplicable décision, le 9 juin, c'est sans doute en effet un *hubris* démesuré qui s'est traduit par un délire. Délire à considérer, bien sûr, dans son acception non psychotique – on peut être parfaitement équilibré et déclencher un acte délirant. Son attrait vraisemblablement obsessionnel pour l'extraordinaire, que matérialise et consolide sa trajectoire politique et professionnelle, peut isoler. Isoler de la raison, du sang-froid, de la lucidité, des contre-pouvoirs, car on cherche alors à exister seulement dans l'extraordinaire. Ce qui peut conduire à la faute. La solitude obstrue la clairvoyance et la raison.

Denis Lafay. – Dans une récente tribune, je compare son geste à celui d'un désespéré entraînant des innocents (en l'occurrence tout un pays) dans sa chute, et les menottant délibérément à son propre vertige.

Boris Cyrulnik. – Je souscris à l'image. Et j'en emprunte une seconde, celle de l'homme qui se noie et qui dans son désespoir s'accroche à la moindre planche de bois, aussi pourrie soit-elle. L'acte désespéré et – nous verrons le

7 juillet – désespérant du 9 juin à la fois solde sept années de combats contre d'immenses défis (Gilets jaunes, Covid-19, guerre en Ukraine) et peut-être anticipe ceux à venir.

Denis Lafay. – L'un des marqueurs d'Emmanuel Macron et dont sa décision du 9 juin est symptomatique, c'est aussi l'hyperimpatience, l'hyperprécipitation. En cela, il est à l'aune d'une époque que les outils technologiques ont transformée en injonction de « faire immédiatement ». Le temps est devenu un adversaire quand il est sous contrôle ou mis à distance, un allié lorsqu'on le comprime sans limites et qu'on le laisse nous submerger. L'ivresse du temps est l'ennemi de la raison.

Boris Cyrulnik. – Ce juste constat s'applique à l'échelle de l'individu bien sûr, mais aussi à celle d'un pays. Exemple ? Les États-Unis. Voilà le plus pays le plus riche, et celui où l'on recense les pathologies les plus dévastatrices liées à la consommation et au stress. L'espérance de vie des femmes recule, les taux de suicide et la gangrène des opiacés impressionnent, le fléau de l'obésité (et donc du diabète) est vertigineux. Dans un domaine que j'ai bien étudié, l'anxiété des bébés, le constat est effarant. Impossible de les calmer lorsqu'ils pleurent. Pourquoi ? Parce que père et mère évoluent dans une société où tout est vitesse, consommation, écrans, bruit, vulnérabilité, où rien n'est concentration, silence, apaisement, sécurité.

Denis Lafay. – Où les *gains de l'existence*, établis et normés par l'hypercompétition et l'hyperinsatiabilité, sont dictés par le *gain de temps*.

Boris Cyrulnik. – Exactement. Quand les parents sont à ce point stressés par la nécessité de « faire vite », il est naturel que les bébés soient contaminés.

Est-ce irrémédiable ? Je ne crois pas. Chacun connaît l'esprit de compétition exacerbé qui, au Japon, affecte les plus jeunes écoliers. Il se traduit par ce qu'on dénomme la « deuxième école » ; le soir, après la fin des cours officiels, les enfants rejoignent des formations complémentaires. Les plus riches d'entre eux étudient dans de confortables établissements, les autres dans des cafés ou même des caves. Bref, le temps de la scolarité s'étend sur une journée et demie ! Les pouvoirs publics se sont inspirés du rapport « Les 1 000 premiers jours » pour fermer les portes de ces « deuxièmes écoles », à la fois parce qu'elles attentent évidemment à la santé psychique des enfants, et parce qu'elles consolident les inégalités sociales.

Denis Lafay. – Le pays tout entier, mais aussi chaque groupe social – familial, amical, professionnel, associatif – auquel on appartient s'expose à des déchirements, tant l'abîme idéologique est abyssal entre pro et anti-RN, entre pro et anti-Nouveau Front de gauche (celui-ci lié à la présence de LFI). Comment pouvons-nous anticiper et cautériser ce péril ?

Boris Cyrulnik. – Par le passé, l'affaire Dreyfus avait radicalement divisé et fracturé jusque dans les familles. Chaque conflit, chaque guerre tracte son lot de déchirures, parfois sanglantes. Lors de la guerre civile en Espagne, républicains et franquistes s'affrontaient physiquement pendant les banquets de famille. Et les exemples sont infinis. Ce que les cas de déchirement ont en commun, c'est la désorganisation. Une famille qui se déchire, c'est parce qu'elle manque de structure ; un pays qui se déchire, c'est parce que son organisation sociale est affaiblie. Quelle que soit l'échelle qu'on observe, ceux qui échappent aux déchirements ont réussi à cultiver et à préserver un espace de dialogue, d'écoute, de respect, même lorsque l'objet de la communication est aussi aigu que celui auquel nous sommes aujourd'hui confrontés. Ils acceptent le désaccord…

Denis Lafay. – … et pour cela distinguent l'opinion – contestée – de celle ou celui – respecté(e) – qui l'exprime.

Ces déchirements ne sont pas un péril pour tous. Ils deviennent précieux dans les mains de ceux qui les instrumentalisent. À commencer chez les forces politiques extrémistes, et particulièrement chez les personnalités les incarnant qui cherchent à tresser un lien de fascination et de subordination auprès de leur électorat. Le désordre profite toujours à quelqu'un.

Boris Cyrulnik. – Cette réalité, incontestable et pourtant peu visible, je vais l'illustrer par une apparente digression. L'envahissement des nouvelles technologies favorise la *destruction des liens* à laquelle elle substitue l'*illusion des liens*. Celle-ci confère au « bonheur » d'être accessible immédiatement et par tous. Qui en profite ? Notamment le – prolifique – commerce du *bien-être* et du *développement personnel*. Prospère alors une cohorte de coachs, de conseils, d'associations *ad hoc*, de traités fallacieusement présentés comme scientifiques, sans autre légitimité que celle autorisée par l'absence de réglementations et par l'appât du gain. Ils agissent comme des tranquillisants, dont l'enjeu est d'alléger leurs proies de leurs responsabilités. En résumé : « Si je n'accède pas au bonheur, ce n'est pas de ma faute. Et si je recours à un tranquillisant, je vais y parvenir », pensent-elles. Pour cela, la figure incarnant celle ou celui qui va l'extraire du tunnel et l'amener vers la « lumière » est cardinale. En effet, elle doit détourner sa « victime » de l'essentiel : son libre arbitre, et donc son exercice de la responsabilité. Au procès de Nuremberg, les prévenus se dédouanaient de toute culpabilité, affirmant avoir simplement obéi : « On m'a donné l'ordre de tuer. J'ai donc tué. » Le tranquillisant prend souvent la forme d'une personnalité, charismatique, une sorte de gourou en qui on voit un « sauveur ». Les dictateurs parvenus au pouvoir par les urnes ont cette particularité en commun.

La priorité pour riposter à la dilution des liens est de réapprendre à *négocier la présence de l'autre*. Chacun est en transaction avec autrui, c'est-à-dire qu'il doit respecter des règles grâce auxquelles autrui existe à ses yeux et lui existe aux yeux d'autrui. Ces règles sont induites dans la culture, dans la parole, dans l'écoute, grâce auxquelles nous apprenons à contrôler nos pulsions et à construire cette transaction. La culture est tout sauf élitiste, elle n'est pas seulement un grand opéra mozartien, elle est tout autant un livre simple, une chanson légère.

Denis Lafay. – Elle est ce qui nous émancipe, nous libère, nous autonomise. Et nous lie.

Boris Cyrulnik. – Oui ! Alors, cultivons la culture !

Ce moment tragique convoque le choix des valeurs

Françoise Benhamou

25 juin

Elle est spécialiste des économies de la culture et des médias, présidente du Cercle des économistes et du comité éthique de Radio France. Au titre de cette expertise plurielle, Françoise Benhamou, encore « sidérée » par la décision de dissolution, alerte sur les dramatiques répercussions démocratiques d'une victoire du Rassemblement national. La dette publique flamberait, la dynamique culturelle dépérirait, l'indépendance et le pluralisme informationnels sombreraient. Par exemple, qu'adviendrait-il de la liberté de penser si l'audiovisuel public était asséché puis privatisé au profit de médias – comme ceux du Groupe Bolloré – « amis » de l'extrême droite ? Face au péril, Françoise Benhamou sollicite la responsabilité des citoyens – et des entreprises –: « Chacun doit faire un choix de valeurs. »

Denis Lafay. – Par quel mot l'économiste – et présidente du Cercle des économistes – synthétise-t-elle ce que lui inspire ce post-9 juin ?

Françoise Benhamou. – La tétanie. Je suis figée, sidérée. À la fois par l'extrême brutalité de l'annonce, à laquelle (quasiment) personne n'était préparé. Par ses conséquences sur notre démocratie. Et aussi par l'ampleur des questions et même des menaces que la campagne électorale, qui met en jeu une surenchère de promesses irréalistes, fait peser sur la société et sur l'économie françaises. Car cette annonce s'est télescopée avec celle d'un niveau de dette publique qui semble un peu plus encore infranchissable.

À ce titre, le programme du Nouveau Front populaire est extraordinairement coûteux, et risque de s'avérer incohérent avec l'enjeu, fondamental, de maîtriser de nouveau la dette publique et de préserver l'emploi. Financé par une très forte hausse des impôts, il est dédié à revaloriser substantiellement les revenus modestes. Noble vœu, mais qui signifie un enchérissement du coût du travail difficilement compatible avec l'état des finances de nombre de TPE/PME.

Du côté du Rassemblement national, les recettes nouvelles propres à financer les annonces – reconsidérées chaque jour – sont illisibles et devront nécessairement puiser dans une diminution drastique des dépenses publiques. Penser que la chasse aux fraudeurs remettra à flot les caisses de l'État est une totale ineptie. D'ailleurs, qu'en savent-ils ? Au moment où nous discutons, les députés RN interrogés avancent en effet une « chasse aux fraudes fiscales et sociales » qui s'étage sur une échelle de 10 à… 50 milliards d'euros ! Rien n'est chiffré ni sérieusement argumenté. Et c'est peut-être le plus inquiétant. En fait, le fil rouge (si je puis dire !) du programme se situe dans la préférence nationale.

Denis Lafay. – Les reculs permanents du Rassemblement national sur ses engagements poursuivent-ils le vœu de « rassurer » un électorat de dirigeants d'entreprise que l'on sait potentiellement plus sensible aux thèses du RN qu'à celles du NFP, ces dernières bien plus confiscatoires de leurs revenus et de leur patrimoine ?

Françoise Benhamou. – Il m'est difficile d'apporter une réponse. À ce stade, si l'on peut détecter chez certains une sensibilité pour le programme du RN, on peut y voir d'une part une forme d'aversion à l'impôt, d'autre part l'idée que l'intérêt de l'entreprise serait mieux préservé en évitant une hausse trop brutale du SMIC. Il s'agit là d'une vision à court terme. Car les dégâts macro-économiques inhérents au programme RN n'épargneront aucune entreprise. Sachant que prévaut une inconnue : tout acteur économique est aussi une femme ou un homme, et son arbitrage électoral peut privilégier sa *conscience* plutôt que son *intérêt*.

J'ajoute que le monde économique déteste l'incertitude. Or, quelles que soient les hypothèses les plus vraisemblables qui émaneront des urnes le 7 juillet, toutes ou presque convergent vers ce que ce monde économique redoute peut-être le plus : l'ingouvernabilité, synonyme d'impasse, et l'absence de prévisibilité.

Denis Lafay. – Impasse institutionnelle, politique, économique et avant tout démocratique.

Françoise Benhamou. – Ce sentiment d'être coincé, en effet, au fond d'une impasse « plurielle » semble traverser l'esprit des Français, conscients que le moment est d'une grande gravité, et que le pays se trouve fragilisé.

Certes, l'incertitude, les chefs d'entreprise y sont habitués, par exemple en matière d'innovation. Elle fait partie de leur « réalité », comme lorsque surviennent des événements imprévisibles – crise des subprimes, pandémie Covid-19, guerre en Ukraine... Mais, en l'occurrence, l'incertitude est d'une autre nature. À l'inquiétude s'ajoutent l'incompréhension, voire la colère, provoquée par la dissolution de l'Assemblée nationale : pourquoi créer *ex nihilo* un trouble, une précarité, une angoisse ? Pourquoi fragiliser de l'intérieur le monde social et économique quand les facteurs extérieurs d'instabilité sont déjà si aigus ? Et au-delà, pourquoi abattre un système politique, fût-il sacrément abîmé, et mettre en danger une société déjà déboussolée ?

Denis Lafay. – À propos d'innovation, substantifique moelle des entreprises, que sait-on de l'attention que les formations extrémistes lui confèrent : centrale ? anecdotique ? hostile ?

Françoise Benhamou. – L'innovation est une notion qu'on a pu associer au « macronisme ». C'est bien sûr une erreur. Le chef de l'État a incarné avec détermination la génération « innovation », avec pour point d'orgue la Start-up Nation et d'importants dispositifs fiscaux ou de financements publics (France 2050, notamment) au profit des entreprises innovantes. Objectivement, comment s'en plaindre ? Faut-il rappeler que l'innovation est cardinale pour faire vivre, développer, voire sauver les entreprises ? Or la cristallisation politique sur la personne du président crée l'amalgame sur *tout* ce qu'il a engagé. L'innovation n'y échappe pas. C'est bien regrettable. Elle est invisible dans les programmes des candidats, sans qu'il soit vraiment possible d'interpréter le sens de cette absence. Simple « oubli » lié à la précipitation du calendrier programmatique ? Amateurisme ? Méfiance ?

Denis Lafay. – Les organisations patronales ont consacré leur examen des programmes économiques et ont circonscrit leur rejet des copies RN et NFP aux aspects factuels. Elles se sont gardées d'aborder le terrain philosophique et moral, reflétant en ce sens l'attitude de l'immense majorité des chefs d'entreprise. C'est *compréhensible* – que « dire » lorsque potentiellement la moitié de ses adhérents, salariés, clients, actionnaires portera son suffrage vers l'extrême droite ou LFI ? Mais n'est-ce pas aussi *malheureux ?* Surtout que, depuis quelques années, le périmètre de responsabilité des entreprises, dicté par la société civile, stimulé par la loi et revendiqué – parfois avec force arguments marketing – par les directions, s'est considérablement étendu.

Françoise Benhamou. – Je partage votre sensibilité. Exercer une responsabilité de dirigeant (d'entreprise, de syndicat patronal ou salarié) signifie avant tout « faire (bien) tourner » l'organisation qu'on s'est vu confier, avec une vision sous-jacente du contexte économique et social dans lequel elle s'inscrit et des objectifs que l'on entend poursuivre. En 2024, cette responsabilité n'a presque plus de frontières. Le comportement que la RSE (responsabilité sociale, sociétale et environnementale) stimule et auquel même elle « oblige » a bouleversé ce qui est « réclamé » des entreprises. Engagement face à la situation climatique, pressions des consommateurs, attentes des salariés, exigences des autres parties prenantes et dispositifs tels que la loi Pacte commandent aux entreprises une attention nouvelle aux « valeurs » qu'elles véhiculent; on évoque même – et de longue date – la notion d'entreprise à mission.

Denis Lafay. – Notion extrêmement sensible, tant son sens est galvaudé et instrumentalisé. Elle doit être maniée avec beaucoup de précaution, la première étant de faire preuve de prudence, de retenue, d'humilité, au risque, sinon, de s'exposer à un « désalignement » délétère.

Françoise Benhamou. – Effectivement. Par exemple, lorsqu'on « est » entreprise à mission, peut-on s'exonérer d'émettre une opinion sur une perspective politique contraire à sa... mission? Lorsqu'on promeut des principes de concorde, de diversité, de respect, peut-on se taire face au spectre de l'extrême droite ? Je m'interdis de donner le moindre conseil et encore moins de juger ; en revanche je m'autorise à exercer ma liberté de conscience et d'expression. Et celle-ci m'invite à encourager les dirigeants d'entreprise à manifester leur rejet des idéologies contraires à ce qu'ils entendent incarner dans la société.

Denis Lafay. – Dans l'hypothèse où le RN obtiendrait une majorité absolue et conduirait un gouvernement, les corps de la haute fonction publique sont tiraillés ; doivent-ils accomplir « normalement » leur mission ? démissionner ? agir avec déloyauté pour respecter leurs « valeurs » ? ou résister de l'intérieur ? Des cas de conscience qui concernent toute la sphère professionnelle. S'appliqueraient-ils aux entreprises ?

Françoise Benhamou. – Concernant la haute fonction publique, tout dépend de ce qui serait demandé – exigé –, et de la conscience de chacun. Du côté de l'entreprise, je ne crois pas. Une chose est, pour un dirigeant, d'avoir une parole publique. Mais l'entreprise n'a pas pour objet d'être un lieu ou un acteur de résistance (ou de collaboration). Sauf, bien sûr, en économie de guerre ou dans un contexte ouvertement totalitaire – or nous n'en sommes pas là, et la France de 2024 ne reproduit pas celle de 1940. En revanche, l'entreprise peut être un espace de discussion, de rencontre, de libération de la parole, d'émancipation, de liens humains et sociaux. L'entreprise est un terrain rêvé pour casser les solitudes, pour hybrider les intelligences, pour mailler les créativités. Cela quel que soit le contexte politique, car cela devrait figurer – en tout cas en théorie – dans son ADN.

Denis Lafay. – Par sa gouvernance, son actionnariat, son management, et quelques innovations, peut-elle même exercer un rôle d'amortisseur, de catalyseur social si la tension politique et le marasme démocratique fragmentent, électrisent voire incendient la société ?

Françoise Benhamou. – Je suis convaincue qu'en cas de dégradation du contexte social, politique, démocratique, les entreprises peuvent être un recours. Ne versons pas dans un angélisme qui les propulserait au rang de sauveur ; reconnaissons en revanche que nombre d'entre elles essayent de cultiver des règles de respect, de dialogue, de débat, essayent de rechercher une certaine harmonie, essayent de s'apparenter à des micro-sociétés apaisées. Toutes n'y parviennent pas, évidemment. Mais au moins elles essayent. C'est déjà beaucoup.

Un exemple est symbolique. En avril, Michelin annonçait pour ses 132000 salariés l'instauration d'un « salaire décent » assorti d'un « socle de protection sociale universel » pour ceux qui ne relèvent pas de la règlementation française. Cette mesure « choc », élaborée en collaboration avec l'ONG Fair Wage Network, part du principe qu'un salaire décent « doit permettre à une famille de deux adultes et deux enfants de se nourrir, de se loger, de se soigner, d'assurer les études, de constituer une épargne de précaution, d'envisager des loisirs et des vacances ». Résultat, le salaire annuel décent des collaborateurs en France doit s'établir désormais à 25 356 euros (à Clermont-Ferrand, davantage à Paris), soit 20 % au-dessus du Smic. N'est-ce pas la démonstration que dans l'entreprise peut naître un contre-feu aux errements extérieurs ?

Denis Lafay. – Les cénacles universitaires, académiques, intellectuels, et même culturels, sont assez silencieux. Certes, la place que la grande majorité des médias traditionnels leur réserve s'est considérablement réduite, mais tout de même… Comment interprétez-vous cet effacement ? Que signifie-t-il de la considération que l'époque leur confère, mais aussi des erreurs qu'eux-mêmes ont commises ?

Françoise Benhamou. – Coincé dans un agenda de fin d'année post-examens, et « plombé » quelques semaines plus tôt par l'importation dans ses murs du conflit israélo-palestinien, le monde universitaire peut difficilement se mobiliser en tant que tel. Quant au silence de nombre d'intellectuels, il a plusieurs explications. L'une d'elles est centrale : *hier*, ils avaient une approche assez holistique des situations, leur opinion était transdisciplinaire, sans doute aussi avaient-ils un goût prononcé pour la « chose politique ». *Aujourd'hui*, ils sont très spécialisés dans leurs domaines respectifs, et sont sollicités davantage en leur qualité d'expert. Cette réalité épouse un mouvement plus profond d'hyperspécialisation et de cloisonnement des pensées. Cela dit, parce que l'échéance se rapproche, parce que les débats se tendent, on les entend de plus en plus.

Denis Lafay. – L'irruption des réseaux sociaux n'est pas neutre. Ainsi des voix disparaissent parce qu'elles ne veulent pas entretenir cette immense lessiveuse ou redoutent d'être les cibles d'une communauté hystérique hostile à leurs propos. D'autres, au contraire, profitent de ce décorum pour usurper une reconnaissance d'intellectuels ou de pseudo-experts.

Françoise Benhamou. – Ce constat soulève une grave interrogation : si l'intellectuel est censé être un « honnête homme », une « honnête femme », c'est-à-dire une « personne intègre », a-t-il vocation à s'exprimer dans des formats courts, qui caricaturent la pensée ?

Cela pose la question des voies empruntées par les intellectuels – et gens de culture – pour exprimer leur colère ou leurs engagements. L'heure des grandes tribunes signées par des « sachants » me semble révolue et même contre-productive. En effet, comment une tribune cosignée par quelques figures médiatiques dans un grand quotidien est-elle accueillie ? En substance, comme la « provocation arrogante de quelques privilégiés reclus dans leurs beaux quartiers parisiens ». Peut-on contester à un Lozérien de se sentir déclassé, voire rabaissé, par l'image du trentenaire « bobo » ralliant en trottinette le Théâtre de l'Odéon ? Cette réaction n'est – malheureusement – pas totalement dénuée de fondement, et c'est sur cette image caricaturale que s'appuient ceux qui veulent fustiger la politique culturelle, alors même que les études montrent que les oppositions simplistes du type villes *vs* territoires ruraux, populaire *vs* élitiste, grandes *vs* petites institutions, doivent être dépassées. Certes, les élites doivent s'interroger sur leurs responsabilités. À l'instar d'Ariane Mnouchkine : « Qu'est-ce qu'on n'a pas fait ? Ou fait que nous n'aurions pas dû faire[1] ? » Question à la fois cruciale et douloureuse. Mais on sait aussi que la culture anti-élite nourrit le populisme et les idées de ceux qui s'en prennent à la liberté de créer. La voie est étroite afin de défendre la création tout en ayant sans cesse le souci de l'accès de tous à la culture.

Denis Lafay. – Parmi vos domaines d'expertise figure justement l'économie de la culture. Ce domaine aussi est absent des programmes – tout comme Bercy l'a frappé d'un rabotage radical en 2024, ramenant à 1 % l'augmentation du budget du ministère de la Culture, confirmée à 6 % quelques mois plus tôt. La place, invisible, que la culture occupe dans ses priorités, que dit-elle de l'attention que le RN lui réserve ? Culture et RN forment-ils un oxymore ?

1. Ariane Mnouchkine, « À quel moment doit-on cesser de faire du théâtre sous un gouvernement RN ? », *liberation.fr*, 12 juin 2024.

Françoise Benhamou. – Questionner la place de la culture – et de l'audiovisuel public – dans un programme politique, c'est vraiment questionner le sujet des « valeurs ». Celles du respect, de l'écoute – ce qui n'interdit pas la critique –, de la diversité, de l'audace, de la transgression, de l'imagination sont insécables de la créativité artistique. Que trouve-t-on au théâtre ? L'extraordinaire faculté de « transmettre », notamment les moments tragiques, cardinaux, merveilleux d'une grande Histoire de laquelle les jeunes générations semblent parfois éloignées. Or cette déconnexion les rend vulnérables aux messages des voix « alternatives », nommées réseaux sociaux, que Jordan Bardella et consorts manient avec succès. Une population « écartée » de la Grande Histoire, sans rapport avec ses épisodes tragiques qui pourtant éclairent notre présent, est une proie dans une démocratie aussi « molle » que la nôtre, au sens où elle est indolente, insuffisamment attentive aux conditions de sa survie.

Et puis l'action de la France dans le domaine culturel dépasse ses frontières. Par exemple, elle a été au premier rang du combat pour la défense des droits d'auteur, en riposte aux bouleversements liés au numérique et aux pressions des GAFAM. Quand j'observe Giorgia Meloni et son ministre de la Culture Gennaro Sangiuliano se donner comme objectifs le développement d'un « nouvel imaginaire italien » et la réhabilitation d'un sentiment national, quand je vois Viktor Orbán organiser l'éviction des formes d'expression artistique « non conformes à l'identité et aux valeurs nationales », je suis particulièrement inquiète.

Denis Lafay. – L'un des vœux que le RN a clairement affichés et sur lesquels il n'a pas tergiversé depuis le lancement de la campagne est la privatisation du service public de l'audiovisuel – la dissolution enterre *de facto* la « réforme Dati » qui promettait la fusion des établissements publics de l'audiovisuel. Comment qualifiez-vous son exaucement ?

Françoise Benhamou. – Cette privatisation serait une catastrophe.

Denis Lafay. – Entrons dans les détails économiques, financiers, idéologiques, et même philosophiques.

Françoise Benhamou. – Ce projet intervient au moment où le financement de l'audiovisuel est otage d'un grave hiatus. Revenons deux ans plus tôt. La loi de finances rectificatives du 16 août 2022 met brutalement fin à la Contribution à l'audiovisuel public (CAP), plus prosaïquement au financement par la redevance. Selon quelles motivations ? Le doute demeure. Cette source n'était pas imperfectible – en France, les recettes de la redevance étaient moins élevées que dans d'autres grands pays d'Europe –, mais au moins elle assurait un apport équitable et, surtout, indépendant des vicissitudes de la politique. Choix a été fait de remplacer la redevance par l'affectation d'une fraction de la TVA. Mais ce mode de dotation, pour être prolongé en 2025, devait s'accompagner d'un dispositif législatif *ad hoc*. La dissolution, en enterrant ce projet de loi, expose l'avenir à très court terme de l'audiovisuel public à un mécanisme de budgétisation.

Denis Lafay. – Le RN ayant les coudées franches à l'Assemblée nationale, l'audiovisuel public serait alors à la merci de son double dogme économique et politique. Une première étape d'assèchement et d'asservissement avant même de le transformer en média privé ?

Françoise Benhamou. – Le mécanisme de la budgétisation rend, par définition, son objet dépendant d'un vote parlementaire. Je vous laisse en effet deviner ce qu'il adviendrait des ressources financières de Radio France ou de France Télévisions…

Dans un théâtre, lorsqu'*on* veut « réduire la voilure », *on* s'attaque à la « marge artistique », c'est-à-dire au financement des activités de création, une fois les charges fixes de fonctionnement imputées. Par analogie, dans le cas de l'audiovisuel public, cette « marge artistique » désignerait la création et la production d'émissions originales. Lorsqu'elle est compressée, c'est la substantifique moelle de l'offre informationnelle et culturelle qui se délite.

On peut donc craindre l'assèchement du service public, et la privatisation pourrait intervenir dans un deuxième temps, plus vraisemblablement « par appartements », de manière partielle. D'autant que du côté des médias privés, la privatisation totale est redoutée, et se heurterait à un mur : le « gâteau publicitaire » n'est pas extensible, il faudrait le partager, alors même que la dynamique publicitaire risque de se contracter – de 3,5 milliards d'euros en 2022, les recettes pourraient reculer à 3,1 milliards d'euros en 2030, selon les prévisions d'avant la crise politique et économique que nous traversons.

Denis Lafay. – La privatisation de l'audiovisuel public assurerait, selon Jordan Bardella, d'engranger 3 milliards d'euros – une goutte d'eau toutefois dans l'océan des besoins de l'État –, et certes elle permettrait au RN de solder auprès de son électorat le sort de médias qu'il a érigés en épouvantails. Mais n'a-t-il pas plutôt intérêt à les conserver et à « contrôler » leurs instances, à l'instar de ce qu'ont entrepris les démocraties devenues illibérales (la Hongrie d'Orbán, la Pologne du PiS, la Turquie d'Erdoğan, etc.) ? Le 1er juillet, le régime national-populiste du Slovaque Robert Fico met en œuvre sa propre réforme, avec pour effet la mise en règle dramatique des nominations et de la ligne éditoriale – dans le sillage de la purge déjà déployée dans les institutions culturelles. Le premier président de la Cour des comptes Pierre Moscovici rappelle que « quand l'illibéralisme attaque, il le fait toujours contre les médias et les juges ».

Françoise Benhamou. – Difficile de répondre à la place de Jordan Bardella, et encore moins d'émettre un quelconque conseil ! Les présidentes de Radio France (Sibyle Veil) et de France Télévisions (Delphine Ernotte) ont été reconduites récemment dans leur mandat. Procéder à leur éviction serait extrêmement délicat, et sans leur consentement, placer des « relais » stratégiques au sein des organigrammes éditoriaux et de direction générale serait plus que compliqué. Enfin, Jordan Bardella n'ignore pas qu'entre l'audiovisuel public et le RN, la relation est épidermique. Les salariés du premier font leur travail de service public de l'information, au nom du pluralisme, en alternative aux médias privés ; les élus du second n'ont jamais cessé de vilipender ceux qu'ils considèrent comme des adversaires. Dès lors, la probabilité d'une immense mobilisation des corps sociaux de l'audiovisuel public, soutenue par une partie de la population, signifierait allumer un feu que le pouvoir en place aurait sans doute du mal à éteindre.

Denis Lafay. – Mesure-t-on l'influence que les télévisions, radios et titres de presse écrite du groupe Bolloré (Canal+, CNews, C8, *JDD*, *Paris Match*, Europe 1, *Voici*...) exercent désormais sur la polarisation du débat politique et donc sur le vote des Français ?

Françoise Benhamou. – Bien sûr, les médias du groupe Bolloré ont favorisé la visibilité des sujets de prédilection et des thèses du

RN. Éric Ciotti est par ailleurs un fidèle de Vincent Bolloré. Mais l'essentiel de sa popularité médiatique, Jordan Bardella la doit au moins autant aux médias « amis » qu'à une stratégie de présence continue sur les réseaux sociaux remarquablement efficace. Ce que toute une génération de personnes politisées n'a pas anticipé, et ce que les plus jeunes générations ont, elles, accueilli avec gourmandise. Ces dernières ont été séduites par les stories TikTok et les messages simples d'un Jordan Bardella lui-même vingtenaire et au physique avantageux. Faut-il rappeler qu'en 2024, chez nombre de citoyens, l'information se résume à l'image et à la fulgurance de quelques phrases ? D'ailleurs, en matière d'information, la prédominance des réseaux sociaux et les menaces d'ingérence étrangères confèrent une importance encore plus grande au maintien d'un puissant service public de l'audiovisuel. C'est un combat démocratique fondamental.

Denis Lafay. – Justement, le groupe Bolloré pourrait-il alors lorgner tout ou partie du conglomérat public ? Il dispose des moyens financiers, il peut – comme lors de la reprise du *JDD* – donner aux salariés en grève le temps d'épuiser leurs ressources et de lézarder leur solidarité ; il pourrait alors compter sur la possibilité d'arrangements législatifs et d'éradication de l'instance de contrôle indépendante (Arcom) pour esquiver les contraintes de concentration. Et on peut anticiper son plaisir de s'emparer de médias qui ont offert jusqu'alors une alternative et un rempart informationnels à sa ligne idéologique.

Françoise Benhamou. – Cette hypothèse fiction est peu plausible, à contexte institutionnel et législatif constant. Mais si ce dernier venait à évoluer, en effet rien ou *presque* ne pourrait y faire obstacle. *Presque* étant le niveau européen. Des garde-fous *existent*, à condition qu'ils *vivent*.

Denis Lafay. – *Le Monde* a révélé que le présentateur vedette du groupe Bolloré, Pascal Praud, avait été informé de la décision de dissolution dès 18 heures le 9 juin, c'est-à-dire bien avant le Premier ministre et la présidente de l'Assemblée nationale. L'indiscrétion aurait fuité de la bouche d'un des plus proches conseillers du chef de l'État qui lui avait recommandé la dissolution, Bruno Roger-Petit. L'anecdote est-elle symptomatique de l'influence que les médias Bolloré exercent au-delà même de leur audience : sur le substrat idéologique du débat politique ?

Françoise Benhamou. – Ce fait anecdotique « dit » en effet beaucoup, et symboliquement nous ramène au champ des « valeurs ». Des télévisions, des radios, des titres de presse écrite aussi influents – mais également le 3e groupe mondial d'édition (Hachette) – peuvent-ils céder leur autonomie et avoir pour ligne informationnelle de servir un projet idéologique lui-même au service d'un projet politique ? À titre personnel, je ne m'y résigne pas.

J'insiste : l'avenir des médias publics, le scrutin législatif, le comportement des entreprises convoquent un *choix de valeurs*.

Le RN met en danger l'avenir des corps intermédiaires

Thierry Beaudet

26 juin

« Le Rassemblement national veut faire disparaître le Conseil économique, social et environnemental, qu'il juge "inutile et corporatiste". » Le président du CESE Thierry Beaudet confie sa vive inquiétude d'un RN « aux portes du pouvoir ». Inquiétude pour l'avenir des amortisseurs de la démocratie (autorités indépendantes, corps intermédiaires, organisations professionnelles, associations, ONG) que la formation de Jordan Bardella honnit. Inquiétude pour la démocratie elle-même, qui déjà s'épuise de ne pas suffisamment vivre entre deux élections. Inquiétude pour toute la société, mise à l'épreuve des divisions, électrisée par des ambitions « pyromanes et irresponsables ». Incrédule face à la dissolution « qui plonge la France dans une crise politique et démocratique sans précédent », il prend l'engagement : « Si le pouvoir entrave notre "vivre-ensemble", œuvre contre l'intérêt de la nation, de la démocratie et de l'État de droit, le CESE saura s'emparer des bons sujets pour être force de résistance. » Plus que jamais, l'heure est à repenser les instruments de la démocratie afin de réenchanter la conviction démocratique.

Denis Lafay. – La vocation du Conseil économique, social et environnemental (CESE) est « d'éclairer au mieux la décision publique ». S'il vous avait consulté avant de prendre la décision de dissoudre l'Assemblée nationale, qu'auriez-vous conseillé à Emmanuel Macron ?

Thierry Beaudet. – *(Silence.)* Plutôt que d'exprimer un conseil, j'aurais insisté sur un constat : le résultat des élections européennes comme des précédentes élections sanctionne une démocratie qui ne s'attache pas suffisamment aux questions qui font le quotidien des Français et donne l'impression de ne s'adresser à eux qu'à l'approche des scrutins. La sphère politique s'est gravement éloignée de la sphère sociétale, le citoyen éprouve le sentiment d'être « réduit » à sa condition d'électeur. La démocratie s'épuise, l'action publique est dans l'impasse. Or c'est au contraire dans l'intervalle entre les élections qu'elle doit être active, stimulée, pratiquée, afin que les citoyens se sentent à la fois écoutés et acteurs. C'est la condition pour façonner une société résiliente, cohésive et inclusive, et donc une démocratie moderne.

Denis Lafay. – « Faire vivre la démocratie » est la raison d'être du CESE. Cette décision du président résulte d'une hyperverticalisation, d'une hypercentralisation, d'une hyperpersonnification du pouvoir. Un tel exercice du pouvoir sert-il la démocratie ?

Thierry Beaudet. – Ce n'est pas aussi simple. Je ne ferai pas le « procès démocratique » d'Emmanuel Macron, pour une raison en particulier. Qui s'est montré sensible à la nécessité de revitaliser la démocratie délibérative, participative, en créant les Conventions citoyennes ? Qui a lancé le Grand Débat ou réuni les corps intermédiaires autour de Conseils nationaux de la refondation (CNR) ? Ses prédécesseurs Nicolas Sarkozy ou François Hollande ? Non. Le soi-disant « président jupitérien ».

Denis Lafay. – Est-ce honorer l'esprit de la démocratie que de décréter presque seul, brutalement, sans collégialité décisionnelle, la dissolution et la convocation d'élections dans un temps – trois semaines – incompatible avec celui du débat démocratique ?

Thierry Beaudet. – Je n'ai pas compris cette décision, surtout au motif d'espérer se donner une majorité claire pour gouverner. En réalité, cette double décision plonge la France dans une crise politique et démocratique sans précédent. En trois semaines, aucune formation politique ne peut écouter les souffrances et les aspirations citoyennes, en déduire un projet solide, le confronter à ceux de ses rivaux, le verser dans le débat public, composer une liste de 577 candidats sérieux et préparés.

Denis Lafay. – L'impétuosité du chef de l'État et l'irrationalité de sa décision promettent, au soir du 7 juillet, des scénarios incandescents. Êtes-vous inquiet pour l'avenir de la société française ?

Thierry Beaudet. – Oui. L'extrême droite est aux portes du pouvoir. Historiquement, elle a combattu la démocratie parlementaire, entretenu le racisme, l'antisémitisme, le sexisme, la haine de l'autre, pourchassé les contre-pouvoirs, les droits fondamentaux et l'État de droit. D'aucuns affirment que son visage contemporain serait réellement différent de ce sombre tableau ; mais je ne veux pas que nous prenions le risque de le tester grandeur nature.

La société m'apparaît traversée par des ambitions qui cherchent à exploiter le sentiment d'une partie des Français de ne pas être assez entendus et considérés. Ces ambitions s'emploient à électriser la société plutôt qu'à la réconcilier, dans un intérêt électoraliste selon moi pyromane et irresponsable. Il est évident que les 40 % de Français qui, lors des européennes, ont porté leur suffrage dans l'escarcelle du RN et de Reconquête ! ne sont pas tous des racistes antisystèmes eurosceptiques et russophiles. Nombre d'entre eux ont simplement exprimé leur découragement et leur désillusion devant un cénacle politique qu'ils jugent sourd ou méprisant vis-à-vis de leurs malaises et de leurs espérances.

Denis Lafay. – Ce diagnostic n'est pas nouveau. Voilà des années que les démarches d'adhésion et de contestation s'enchevêtrent dans un agrégat de mécontentements innervés par les sentiments de déclin, de déclassement, de dépossession, et d'abandon.

Thierry Beaudet. – Ce qui est nouveau, c'est que ces électeurs désemparés estiment avoir vraiment tout tenté : gauche, droite, centre, et même macronisme, en faveur desquels ils ont souvent oscillé d'une élection à l'autre. Ils ont le sentiment que grâce au RN ils seront enfin entendus, considérés. C'est un leurre, peut-on leur démontrer ; mais leur réponse est invariable : « Possible. Mais qu'a-t-on à perdre ? Au moins on aura essayé, et de toute façon il ne peut pas faire pire. » Si, malheureusement…

Denis Lafay. – Dans la ligne de mire du RN figurent les corps intermédiaires, les syndicats, les ONG, les associations représentatives de la société civile, bref les composantes même du CESE. Nombre d'entre elles expriment individuellement leur désarroi. En votre qualité de président du CESE, êtes-vous enclin à le relayer ?

Thierry Beaudet. – Le CESE est composé de 82 organisations. Chacune s'exprime comme elle l'entend. Pour exemple des syndicats de salariés, la CGT appelle à porter le suffrage vers le Nouveau Front populaire, quand d'autres, comme la CFDT, exhortent à faire barrage au RN sans mentionner de consigne de vote. Des organisations d'employeurs ou associatives pointent « les extrêmes », quand d'autres considèrent ne pas avoir à s'exprimer, refusant toute parole politique. La variété des 82 identités fait la force du CESE, et j'ai la responsabilité de les faire échanger, coopérer, bâtir ensemble, donc dans le respect de leurs singularités et de leur liberté de conscience. Toute la société est aujourd'hui mise à l'épreuve des divisions, plus que jamais je dois veiller à protéger le CESE de ce risque afin de préserver son essence : être un espace de compromis, de dialogue apaisé, propositionnel et constructif.

En revanche, je suis un citoyen libre. Et je ne me suis jamais caché. Lorsque j'étais président de la Fédération de la Mutualité française (2016-2022), j'avais déjà appelé à voter contre le Rassemblement national. Et comme président du CESE, je suis dans mon devoir d'alerter : les autorités indépendantes, les forces intermédiaires, les organisations professionnelles, les associations insupportent le RN. Leur existence et leur vocation lui sont suspectes d'emblée.

Denis Lafay. – Le CESE lui-même est-il menacé de disparition si le RN accède au pouvoir ?

Thierry Beaudet. – Possiblement. Rien n'est plus explicite que les déclarations officielles. En 2023, lors des débats préparatifs au projet de loi de financement rectificatif de la Sécurité sociale, un député du Rassemblement national avait déclaré, en marge d'un dépôt d'amendement : « Le CESE est un organisme inutile et corporatiste dont nous souhaitons la disparition. »

Je crois que c'est clair. Pour autant, supprimer le CESE serait s'attaquer frontalement à la démocratie sociale, et plus largement à la participation citoyenne. Je ne peux l'imaginer.

Denis Lafay. – On ne peut pas dire que la gouvernance d'Emmanuel Macron a « considéré » les corps intermédiaires. À l'unisson, syndicats patronaux et salariés dénoncent depuis 2017 la marginalisation de leurs prérogatives. Des discours aux actes, sa reconnaissance des contre-pouvoirs a fait le grand écart.

Thierry Beaudet. – Le chef de l'État a donné le sentiment qu'à ses yeux les corps intermédiaires étaient des organisations excessivement corporatistes, susceptibles de freiner son ambition de réformes. Dès lors, le changement ne lui a semblé pouvoir provenir que de... lui-même. Il s'est trompé. En décidant d'une part d'enjamber les organismes représentatifs de la société civile, d'autre part de surplomber fréquemment l'action du gouvernement, il s'est placé dans un dialogue direct avec le peuple. Direct, c'est-à-dire sans sas ni pare-feu. L'exercice est dangereux. Le couperet, est tombé le 9 juin. Il rappelle qu'il n'existe pas de pouvoir efficace sans intermédiations. Et que des dizaines de milliards d'euros ne peuvent combler le mécontentement de la population et compenser la mise à l'écart des rouages intermédiateurs. La crise des Gilets jaunes, dont le coût pour l'État, et donc pour les contribuables, a été vertigineux, n'aurait-elle pas connu une issue plus rapide et moins onéreuse si les corps intermédiaires avaient été mobilisés ?

Denis Lafay. – Jordan Bardella et Jean-Luc Mélenchon forment-ils, selon vous, une même contestation des « valeurs » du CESE, un danger similaire pour la démocratie et la santé de la société ?

Thierry Beaudet. – Vous m'interrogez sur des personnes. L'incarnation est importante, mais ce n'est pas tout le sujet. Si votre question porte sur la comparaison entre le RN et le Nouveau Front populaire, je ne les renvoie pas un instant dos à dos.

Denis Lafay. – Si l'un ou l'autre siège à Matignon, l'action du CESE sera-t-elle identique ?

Thierry Beaudet. – Le CESE, troisième assemblée constitutionnelle, est au service des Français, pas de celle ou de celui qui occupe la fonction de président de la République ou de Premier ministre. Quelle que soit l'identité de celui que le chef de l'État aura désigné, l'institution continuera de produire des travaux, d'organiser des débats, de formuler des propositions et des compromis qui nous paraissent être dans l'*intérêt* du pays et de nos concitoyens, indépendamment de l'*intérêt* de la force politique au pouvoir. Si celle-ci devait entraver notre « vivre-ensemble », fragiliser le cadre républicain, et œuvrer contre l'*intérêt* de la nation, le CESE saurait s'emparer des bons sujets pour résister de fait à ce qui constituerait un danger pour la démocratie et l'État de droit.

Denis Lafay. – Vous mettez au crédit d'Emmanuel Macron une incontestable innovation démocratique : les conventions citoyennes. Celle sur le climat s'est toutefois conclue par une loi Climat et résilience déceptive qui n'a pas respecté ses recommandations, les rares débouchés des travaux des CNR ont désolé les contributeurs et, comme on vient de le constater, les corps intermédiaires séduits par les promesses en 2017 ont vite déchanté. Tout comme le Grand Débat avait terré dans les cartons les doléances exprimées par les Français. Quelle est la valeur d'une *bonne* initiative *mal* matérialisée ? Peu décourage davantage en démocratie que de créer une noble attente puis de la désillusionner.

Thierry Beaudet. – Sur les cas que vous citez, ce qui peut être reproché est en effet la concrétisation finale. Lorsqu'elle ne correspond pas exactement au cahier des charges initial, elle déçoit. Au travers de l'expression « sans filtre », le chef de l'État avait semblé présenter la convention pour le climat comme la réunion de cent cinquante citoyens qui, par le hasard du tirage au sort, allaient composer une assemblée souveraine dont les conclusions seraient intégralement intégrées à une loi finale. Outre que la promesse n'a pu être totalement tenue, il a, ce faisant, commis un impair, laissant penser que la responsabilité de cette assemblée allait peut-être disqualifier celle des élus.

Denis Lafay. – Or tout dispositif de démocratie participative doit être considéré comme un outil non de « substitution à », mais au « service de » la démocratie représentative.

Thierry Beaudet. – Absolument. Néanmoins, les insuffisances que vous soulevez ne doivent pas effacer deux réalités. D'abord, je veux insister : la Convention citoyenne sur le climat a constitué une incroyable innovation démocratique. D'autre part, le président de la République a tiré les enseignements de cette « première » avant de lancer la convention citoyenne suivante, consacrée à l'hypersensible sujet de la « fin de vie ». Il a alors prévenu que les travaux nourriraient substantiellement les réflexions préparatoires au projet de loi, mais n'en composeraient pas strictement les textes, l'écriture de ces derniers revenant aux députés et aux sénateurs. La qualité des débats, l'acuité des conclusions et leur « utilisation » ultérieure ont conféré à cette convention d'être un succès. Emmanuel Macron a su corriger le péché originel, et placer l'avenir des conventions citoyennes sur des rails solides.

Denis Lafay. – Avant, malheureusement, que la brutale décision de dissolution n'enterre tous les projets législatifs en cours, dont celui, justement, sur « l'aide à mourir ».

Thierry Beaudet. – Le message adressé aux citoyens français était clair : en substance, « cent quatre-vingt-cinq d'entre vous vont dessiner un chemin, et nous, politiques, nous inspirerons de ce chemin pour tracer une voie ». Accompagné de la ministre de la Santé Catherine Vautrin[1], le chef de l'État est venu expliquer aux citoyens de la Convention ce que l'exécutif avait retenu ou non de leurs préconisations dans son projet de loi. Le message et la méthode étaient les bons. Le regret, c'est que le calendrier de l'exécutif, avant de passer la main au législatif, s'est trop distendu. La convention citoyenne avait remis son avis en avril 2023, trop de temporisation a retardé la concrétisation législative, et, en effet, ce projet si cardinal d'un point de vue philosophique, sociétal et démocratique, est pour l'heure suspendu.

Pour autant, je veux retenir en premier lieu que ces conventions, lorsqu'elles sont élaborées avec méthode, expriment une vive volonté citoyenne de participer à la démocratie, constituent une précieuse contribution au renouveau démocratique, à l'objectif de « faire vivre la démocratie en dehors des rendez-vous électoraux ».

La vitalité de la démocratie, c'est avant tout une question de méthode.

1. La quatrième en poste depuis le lancement de la réflexion.

Denis Lafay. – Comment définiriez-vous les ferments et articulations de cette méthode ?

Thierry Beaudet. – Elle prend appui sur une réalité, qu'il faut saisir à bras-le-corps plutôt qu'écarter : la conflictualité.

Denis Lafay. – Le sociologue Alain Touraine a consacré son immense trajectoire à extraire des trésors de la conflictualité. Vous-même, comment « la » travaillez-vous ?

Thierry Beaudet. – La conflictualité est inhérente à la vie. La vie en famille, entre amis, au travail. Elle est au cœur du processus démocratique. Elle n'est pas un ennemi, elle est plutôt un défi : rechercher un terrain d'entente. Elle est même l'opportunité de construire un dialogue et une rencontre, une double condition pour que la démocratie demeure un sanctuaire délibératif et ne dérive pas en sport de combat.

Denis Lafay. – Le CESE a publié le 21 juin un document, « Entendre la voix de la société civile ; pour une République des solutions ». Un inventaire de grandes thématiques (services publics, école et formation, qualité de vie au travail, lutte contre la pauvreté, grand âge, etc.) qui constituent autant d'enjeux presque civilisationnels. Les esquisses de propositions forment-elles un « programme politique » à destination des candidats ?

Thierry Beaudet. – Plutôt un cadre d'action politique. Prenons l'exemple du travail. Voilà des décennies que l'enjeu du travail est effacé derrière celui de l'emploi. Les dirigeants politiques sont obnubilés par l'emploi, qui est évidemment un sujet central. Mais comment peut-on raisonnablement *penser emploi* sans *penser travail*? Améliorer la situation de l'emploi sans débattre d'employabilité et, en amont, de travail n'a guère de sens. Le travail – et derrière lui le métier – est au carrefour de préoccupations aussi fondamentales que l'éducation, la formation, l'articulation des vies personnelle et professionnelle, la mobilité, le télétravail, la garde des enfants, etc. Et c'est du traitement global de ces items que découle l'approche de ce qui est à leur carrefour : le sens *du* travail et le sens *au* travail.

L'écart qui ne cesse de se creuser entre les sphères sociétale et politique tient pour beaucoup au déficit de méthode. Lequel affaiblit la santé d'une démocratie qui seule, pourtant, produit des réponses. Dans ces conditions, comment entraîner la population dans les grandes transitions et mutations auxquelles elle est confrontée ?

J'ai une affection particulière pour Pierre Mendès-France. Il exhortait à ne pas confondre *conviction démocratique* et *instruments de la démocratie*. C'est-à-dire, plutôt que de déplorer l'*étiolement de la démocratie*, s'interroger si les *bons outils* ont été sollicités pour entretenir la *conviction démocratique*. La crise démocratique que nous éprouvons est une crise de légitimité et une crise d'efficacité. La juguler réclame de repenser les instruments et d'en inventer d'inédits – comme les conventions citoyennes. La promesse de progrès social, économique, environnemental est à cette condition.

La haine, au cœur de ce moment historique

Roger-Pol Droit

26 juin

Le philosophe, écrivain et journaliste Roger-Pol Droit explore ce moment de l'histoire à la fois « tragique » et « comique » provoqué par l'impulsion « destructrice, voire suicidaire » d'Emmanuel Macron. Un moment que cristallisent « l'extension et le durcissement de la haine »: « c'est le triomphe des passions tristes »: peur, animosité, mépris, défiance, le signe majeur de cette destructivité étant « l'antisémitisme des uns et des autres ». Notamment celui qu'enflamment déclarations et comportements chez LFI, « une ignominie absolue ». Et de rappeler que « l'offense faite à quiconque indigne potentiellement chacun, quel qu'il soit. Aucune stigmatisation ne concerne jamais seulement ceux qui en sont frappés, mais tout le monde, sans exception possible. » Comment la société pourra-t-elle cautériser après l'épreuve des législatives, qui ne présage aucun scénario réparateur ?

Denis Lafay. – Comment qualifier ce moment de l'histoire que nous vivons depuis le 9 juin à 21 h 05 ? Anecdotique ? Unique ? Tragique ? Salvateur ?

Roger-Pol Droit. – Tous ces adjectifs conviennent, et bien d'autres encore. Toute la difficulté est de comprendre pourquoi et comment ils peuvent coexister. La principale singularité de cette tourmente est d'exacerber une série de tensions et de contradictions qui préexistaient, mais leur intensification se révèle si brutale et soudaine qu'on peut avoir l'impression d'y trouver tout et son contraire.

Effectivement, la situation est ancienne : les éléments qui s'y retrouvent ne sont pas apparus ce soir-là. Depuis de nombreuses années, la gauche se délite et finalement se déshonore, l'emprise de l'extrême droite s'accroît, la droite républicaine se divise, et le centre tangue. Pourtant, le moment est inédit : jamais on n'avait vu un président français en exercice décider seul, en quelques minutes, de lancer le pays dans une aventure à ce point imprévisible et traumatisante.

Aventure tragique, parce qu'elle se présente comme une lutte à mort entre des camps qui ne peuvent ni s'écouter ni envisager de compromis, parce qu'elle réactive le vieux démon de la France attisant affrontements violents et fantasmes de guerre civile. De 1789 à Mai 68, en passant par 1830, 1848, 1871, 1934 et 1936 et Vichy, le peuple français se clive et poursuit un périple où les mots de la haine finissent par tuer.

Malgré tout, l'aventure est comique, comme le sont le plus souvent les tragédies humaines, dès qu'on les regarde autrement. Retournements de veste, trahisons et ralliements, alliances obscènes et discours affolants donnent de la politique, au fil des jours, une image rocambolesque, grotesque. Le spectacle ridicule, magnifiquement joué de toutes parts, de l'ignorance crasse et de la suffisance perverse donnerait envie de hurler de rire si les perspectives n'étaient sérieuses et périlleuses.

Le paradoxe central de cette situation me paraît tenir en deux mots : elle est à la fois catastrophique et clarificatrice. Le choc qu'elle a provoqué a plongé une grande partie des Françaises et des Français dans une angoisse intense, en les confrontant à une sorte d'apocalypse imaginaire. En accélérant de façon apparemment incontrôlée un choix rapide entre des mouvements radicaux, cette dissolution et ces élections ont mis les citoyens face à leurs exaspérations autant que face à leurs responsabilités. L'inquiétude de la fatalité le dispute à la prise de conscience de la liberté. Ce qui se clarifie à mesure, c'est donc la réalité française d'aujourd'hui, et à terme celle de l'Europe.

Denis Lafay. – Comment la philosophie s'empare-t-elle d'une actualité aussi indicible ? Sur quels registres peut-elle apporter une lecture saillante ?

Roger-Pol Droit. – Le regard du philosophe n'est pas celui du politologue ni du sociologue. Plus distancié, il est animé avant tout par le désir de comprendre plutôt que de juger. Je viens d'évoquer ce qui fait pleurer et ce qui fait rire dans l'étrange chaos que nous traversons. Mais, s'il existe un registre spécifique de l'attitude philosophique, il ne se situe ni dans la critique acerbe ni dans la dérision. Comme l'écrivait Spinoza à Oldenburg : « Pour moi, cependant, ces troubles ne m'incitent ni à rire ni même à pleurer, mais plutôt à philosopher, et à mieux observer la nature humaine. »

Denis Lafay. – Philosophons, donc, et auscultons cette « nature humaine ». Vivons-nous un cas d'école de « philosophie politique » ?

Roger-Pol Droit. – Est-il possible d'adopter pareil « regard éloigné » dans la situation que nous vivons ? Cela me paraît improbable, parce qu'elle suscite les passions plutôt que l'analyse. Ce qui, en fin de compte, peut constituer une leçon inattendue de philosophie politique. Car on avait trop tendance à penser le politique sous l'angle de la rationalité, des calculs stratégiques et des accommodements raisonnables. En oubliant les tripes, les colères, les rancœurs et les humeurs. Le pouvoir et l'histoire sont aussi faits de bruit et de fureur, de passions destructrices et de pulsion de mort. C'est d'ailleurs ce que Platon, finalement, reprochait à la démocratie.

Denis Lafay. – Platon, mais aussi Périclès, Aristote ou Socrate : que penseraient-ils de la France de juin 2024 ?

Roger-Pol Droit. – Rappelons que philosophie et démocratie sont originairement antagonistes et non, comme on le croit souvent, sœurs jumelles.

C'est contre la fluctuation des opinions, l'irascibilité du peuple, l'irrationalité des humeurs démocratiques et l'aveuglement des citoyens que la philosophie politique de Platon s'est constituée, en critique de ce mauvais régime. On ne saurait oublier que Socrate, modèle du juste, est condamné à mort très légalement par l'assemblée du peuple d'Athènes. Que la démocratie permette pareil crime suffit à la condamner, aux yeux de Platon. Il écrit *La République*, qui est en fait une Cité idéale totalitaire, pour concevoir un régime guidé par le savoir, capable d'échapper à ce règne des émotions. Toutefois, on peut se demander si c'est bien en démocratie que nous vivons, ou bien dans ce que l'historien Polybe nommait « ochlocratie », non pas la domination du peuple (*demos*) mais celle de la foule (*ochlos*) où dominent humeurs, rumeurs et caprices.

Denis Lafay. – De quels poisons « inédits » notre démocratie souffre-t-elle singulièrement ?

Roger-Pol Droit. – Ce qu'on observe le plus nettement aujourd'hui, c'est l'extension et le durcissement de la haine. Vivre avec les autres, condition primordiale de toute société, semble devenir de plus en plus difficile. Les forces de désagrégation, de fracture et de morcellement l'emportent sur celles d'union, de cohésion, de rassemblement. Dans les termes de la mythologie freudienne, Thanatos l'emporte sur Eros. La société se désassemble. Chacun fait bloc avec ceux qui lui ressemblent et rêve d'en finir avec ceux qu'il déteste parce qu'ils ne sont pas comme lui. Il y a bien longtemps que le débat politique, même rude, a disparu au profit de la détestation personnelle. Peu importe ce que *tu dis*. Qui *tu es* suffit à te condamner.

Ce qui s'estompe sous nos yeux, c'est en fin de compte le souci du bien commun, de la « chose publique » qui n'appartient à personne parce qu'elle appartient à tous. L'horizon du collectif s'estompe en fonction de l'exacerbation non seulement d'un individualisme forcené, mais aussi de la « rancune de tous contre tous », pour reprendre l'excellent diagnostic du philosophe Jean-Claude Milner. Le ressentiment devient la chose du monde la mieux partagée.

Denis Lafay. – « Irrationnelle », « folle », « inconcevable », ces adjectifs reviennent fréquemment pour qualifier la décision du chef de l'État. A-t-il trahi son *devoir de responsabilité*, et même *ce* que doit être *l'éthique de la responsabilité* d'un président ?

Roger-Pol Droit. – Cette dissolution, parfaitement légale et conforme aux règles de la Constitution, n'en est pas moins incompréhensible du point de vue de la rationalité politique. Décision brusque, solitaire, elle ne semble correspondre à aucun calcul politique cohérent. Je ne crois pas que l'éthique, sous quelque forme que ce soit, soit ici une question pertinente, car elle ne concerne la politique que de biais. Un président n'a pas de devoir de ce type, il n'a de comptes à rendre qu'à la loi.

Denis Lafay. – Vraiment ? Être aux commandes « responsables » d'une démocratie ne dicte-t-il pas de rendre des comptes tout autant au peuple ? C'est peut-être d'ailleurs d'avoir négligé ce devoir qu'il est désormais puni.

Roger-Pol Droit. – Plus précisément, il a pour obligation de préserver le bien commun et l'unité de la nation, en tenant compte de la situation intérieure comme de la situation internationale. Or c'est là que cette décision ne semble correspondre à aucune logique, mais plutôt à une impulsion destructrice, voire suicidaire.

Car les répercussions prévisibles de ce coup de théâtre sur les marges de manœuvre d'Emmanuel Macron sont impressionnantes, et *toutes* négatives. L'empire russe s'acharne sur l'Ukraine, et le président français a pris des positions courageuses pour soutenir cette démocratie. Dans une Europe divisée et affaiblie, il commençait à construire son leadership. Le chaos désormais enclenché sape son autorité, ruine son champ d'action, fragilise l'Europe et la paix mondiale, au pire moment.

Rien de cela n'étant rationnellement compréhensible, la seule explication qui me paraisse plausible est d'ordre psychologique. Il se pourrait que les résultats des élections européennes, piteux pour la macronie, aient entraîné une décompensation chez un homme fatigué, se sentant dans l'impasse, ne supportant plus d'être détesté et désavoué durablement par un nombre croissant de citoyens.

Denis Lafay. – Sa décision et ses conséquences annoncent-elles nécessairement un affaiblissement supplémentaire de la démocratie? Ou au contraire, comme il le défend, a-t-il voulu responsabiliser les citoyens au profit de la démocratie? Quand un parti aux ressorts non démocratiques accède au pouvoir par les urnes, est-ce *tout de même* une victoire de la démocratie ou seulement un effondrement du politique? Difficile de trancher. Notre démocratie est-elle assez robuste pour traverser cette tourmente imprévue?

Roger-Pol Droit. – Je le crois. Au cours de sa très longue histoire, elle a surmonté quantité d'épreuves en conservant ce qui est sans doute son axe central: l'égalité de parole et de décision. La démocratie antique, dont Athènes incarne le modèle, est fondée sur une parole directe, dans les assemblées et les tribunaux, mais restreinte aux hommes libres. Le *demos* ne recouvre qu'une petite partie de la population, femmes et esclaves en sont exclus. Après de longs siècles de monarchies et d'empires, quand la Révolution française commence à réactiver le rêve démocratique, c'est sous la forme, progressivement réalisée, du suffrage universel et de la délégation parlementaire. Les révolutions et les guerres des deux derniers siècles ont façonné le cadre théorique et pratique de cette démocratie. Il se trouve confronté aujourd'hui à de multiples défis qui imposent de le refaçonner sans le défigurer.

Denis Lafay. – D'un point de vue philosophique, extrême gauche et extrême droite « à la française » sont-elles d'égale « valeur » lorsqu'il s'agit de mesurer leur dangerosité en matière de liberté, d'égalité, de démocratie ?

Roger-Pol Droit. – Le vrai drame, à mon avis, est que l'on en soit arrivé à poser la question dans ces termes : qui est le plus dangereux ? Au lieu de se demander qui est préférable et pourquoi, on s'interroge uniquement pour savoir qui est le pire. Cette logique de la crainte et du barrage est une inversion complète de la démarche politique ancienne. Cette dernière cherchait d'abord l'horizon à construire et les progrès à réaliser. Les citoyens avaient à discerner, dans les idées et les personnes, où placer leur confiance. Aujourd'hui, ils cherchent avant tout à savoir de qui se méfier. Le vote devient donc une action négative. Barrage plutôt qu'adhésion, rejet plutôt que soutien, panique plutôt qu'espoir. C'est le triomphe des « passions tristes » : peur, animosité, mépris, défiance…

Denis Lafay. – … haine, exclusion, nostalgie. Comment ces « passions tristes » prennent-elles forme ?

Roger-Pol Droit. – Le signe majeur de cette destructivité est l'antisémitisme des uns et des autres. Personne ne peut nier son explosion ni sa place centrale. Il faut d'abord rappeler combien la haine des Juifs ne concerne pas simplement une

« communauté », mais tous les citoyens d'une société démocratique. Il est obscène de juger, comme on l'entend sans cesse, que l'antisémitisme concerne la « communauté juive », elle seule, et pas chaque citoyen.

Parce que l'éthique et la démocratie, de quelque manière qu'on les définisse et les conçoive, n'ont d'existence qu'en relation avec un horizon insupprimable d'égalité et d'universalité. Cet horizon, par définition, inclut les Juifs et tous les autres. Il présuppose que l'offense faite à quiconque indigne potentiellement chacun, quel qu'il soit. Il invalide donc radicalement, d'entrée de jeu, la simple possibilité qu'une forme quelconque de persécution mobilise exclusivement celles et ceux qui la subissent. Toute offense est faite à tous, et soulève l'indignation de chacun.

Denis Lafay. – Cette universalité de principe n'est-elle pas utopique ?

Roger-Pol Droit. – Je ne le pense pas. Qui donc soutiendrait que des droits refusés aux Noirs ne révoltent que les Noirs ? Que le racisme n'est intolérable qu'à celles et ceux qu'il vient frapper ? Qu'une persécution – pour quelque prétexte religieux, ethnique, culturel ou politique que ce soit – ne suscite la colère et les luttes que de ceux qu'elle accable ? Qui accepterait l'idée que des offenses faites aux femmes ne concernent pas les hommes, ou que la haine des homosexuels laisse indifférents les hétérosexuels ?

Aucun rejet, aucune stigmatisation ne concerne jamais seulement ceux qui en sont frappés, mais tout le monde, sans exception possible, sans reste concevable.

Voilà pourquoi la liberté et l'égalité accordées ou refusées aux Juifs constitue, depuis des siècles, un indice fiable de l'état global d'une société politique comme d'une morale publique. Or, depuis le 7 octobre 2023, une haine antijuive intense s'est développée, inversant tous les signes, faisant des Juifs de prétendus nazis, transformant les victimes de la barbarie terroriste en bourreaux, déniant au peuple juif le droit d'avoir un État, le droit de le défendre, le droit d'en assurer la sécurité contre ceux qui ont pour objectif de l'effacer de la surface de la terre.

Il existe d'innombrables formes de l'antisémitisme. On peut se livrer à d'ingénieuses contorsions pour les distinguer, les hiérarchiser ou les nuancer. Cela me paraît absolument vain. Au bout du compte, les victimes de cette haine sont toujours les mêmes.

Denis Lafay. – Antisémitisme d'extrême gauche et d'extrême droite sont-ils de mêmes racines et poursuivent-ils un objectif commun ?

Roger-Pol Droit. – Force est de constater que l'antisémitisme est aujourd'hui attisé à l'extrême gauche de l'échiquier politique. Il est développé et défendu au sein de LFI, porté en étendard par certains de ses députés et son leader. Ce qui n'est pas le cas du côté de l'extrême droite.

Je n'ignore pas d'où vient le Rassemblement national, la présence de nostalgiques de Vichy parmi ses fondateurs, ni l'antisémitisme virulent de Jean-Marie Le Pen, ni celui de nombre de militants actuels. Toutefois je constate, comme tout le monde peut le faire, que les discours explicites de ses dirigeants actuels, leurs positions officielles et répétées, ne vont pas dans le sens d'une persécution des Juifs. Je conçois fort bien qu'on leur prête toutes sortes d'intentions cachées, de vrais visages dissimulés sous des masques respectables. Mais il me semble que la politique est faite de mots et d'engagements avant tout.

Or les mots et les engagements de LFI et de Jean-Luc Mélenchon ne font, sur ce point, aucun doute. Son soutien répété au Hamas constitue un engagement antisémite affiché, assumé, hautement revendiqué. Je n'ignore pas les finasseries pitoyables que les militants s'efforcent de développer : l'antisionisme ne serait pas un antisémitisme, le soutien à la « résistance » du Hamas serait purement politique… Faut-il rappeler que le Hamas refuse radicalement l'existence de deux États ? Qu'il n'a pour objectif que la destruction totale de l'État d'Israël ?

Soutenir ce mouvement islamiste fanatique, aussi barbare et inhumain que Daech, aussi peu démocrate qu'Al-Qaïda, en faire un mouvement héroïque, proclamer que les militants occupant Sciences Po Paris en soutien à cette dictature sanglante sauvent « l'honneur de la France », ce n'est pas simplement une faute politique impardonnable, parmi tant d'autres. C'est une ignominie absolue. Jamais je n'aurai pensé être un jour confronté, au pays des droits de l'homme, à pareil déferlement d'insanités meurtrières.

Certes, il ne faut pas oublier la vieille obsession antisémite de la gauche, depuis Proudhon jusqu'aux caricatures de *L'Humanité* des années 1930, que les travaux de l'historien Michel Dreyfus ont mis en lumière depuis une trentaine d'années. Cette tradition qu'on ne veut pas voir s'était assoupie après la Shoah.

Denis Lafay. – Lors du second tour le 7 juillet, si l'alternative se présente dans votre circonscription, comment allez-vous arbitrer entre les deux forces politiques extrêmes suspectées – personne chez LFI n'a jamais été condamné – d'antisémitisme ?

Roger-Pol Droit. – La folie de la situation présente est finalement qu'on se trouve confronté au choix entre l'antisémitisme présent, explicite, bruyant et virulent palpable chez LFI, et l'antisémitisme ancien du RN, feutré, pétainiste, catholique et collabo, dont on soupçonne la survivance et l'éventuelle résurgence. Pour ma part, s'il faut choisir entre peste et choléra, il est exclu de voter pour LFI et donc pour tous ceux qui ont fait alliance avec le soutien au terrorisme antisémite financé par le Qatar et manipulé par l'Iran. J'ai assez lutté contre l'extrême droite dans mes vies antérieures, contre la propagation de ses idées et contre leur nuisance, pour ne jamais voter pour ce camp, quelle que soit son évolution supposée. Mais je comprends que Serge Klarsfeld s'y résolve, même si pour ma part je m'y refuse.

Denis Lafay. – L'ADN de l'extrême droite consacre à la « connaissance », synonyme d'émancipation, d'accomplissement de soi et de liberté, une grande méfiance. Faut-il redouter une vague obscurantiste ?

Roger-Pol Droit. – Peut-être suis-je mal informé, mais je n'ai pas le sentiment qu'un obscurantisme menace de ce côté. En tout cas, si un nouvel obscurantisme est déjà bien présent, c'est celui de la pensée woke, qui est en passe de disqualifier toute connaissance objective, de saper les fondements de la rationalité scientifique, et d'instaurer, au nom d'une émancipation *sens dessus dessous*, censure, exclusion et terreur intellectuelle, comme l'a montré notamment le philosophe Jean-François Braunstein dans *La Religion woke*[1].

Denis Lafay. – Où sont les intellectuels ? Ils sont absents du sérail médiatique. Soit parce qu'ils refusent de prendre la parole, soit parce qu'on ne le leur propose plus. Ont-ils renié leur raison d'être ? Ou leur absence résulte-t-elle de leur décrochage des réalités du pays qu'ils ne comprennent pas ?

---

1. Jean-François Braustein, *La religion woke*, Paris, Grasset, 2022.

Roger-Pol Droit. – Je ne partage pas votre impression. Il me semble au contraire que l'on entend beaucoup les intellectuels. Ils se mobilisent, pétitionnent et pérorent *as usual*, si j'ose dire. Qu'on ne les écoute plus, ou qu'ils n'aient plus grand-chose d'intéressant à exprimer, est une autre affaire. Il est vrai qu'entre les extases de Drieu la Rochelle face au régime nazi, de Gide face au régime stalinien, de Sartre envers Castro et Mao, de Foucault envers l'Iran, et d'innombrables égarements de la même eau, la confiance envers la lucidité des intellectuels vaut d'être tempérée…

Denis Lafay. – Vous avez été chercheur. De quelle marge de manœuvre dans leur liberté d'expression, chercheurs et universitaires disposent-ils, eux qui sont soumis à la règle « scientifique » des faits ?

Roger-Pol Droit. – J'ai effectivement travaillé plus de vingt-cinq ans au CNRS. Dans ces recherches, dans les « sciences dures » aussi bien que dans les sciences humaines, une exigence de rigueur est de mise. Elle est parfaitement distincte, à mes yeux, de ce chacun peut et doit exprimer en tant que citoyen, en faisant un « usage public de sa raison », comme disait Kant, en dehors de l'institution, du laboratoire et de ses travaux. En tant que fonctionnaire, on est soumis à une obligation de réserve. En tant que chercheur, à une obligation du respect des règles scientifiques. Rien n'empêche de dire ou d'écrire ce qu'on veut ailleurs, à titre personnel. Ce qui est fâcheux, c'est le mélange des genres, dont il existe plusieurs versions : la recherche militante, le cautionnement de convictions arbitraires par des validations académiques, le transfert de notoriété d'un domaine de compétence circonscrit vers des questions qui échappent à ce domaine.

Denis Lafay. – « Quelque chose » de positif peut-il sortir plus tard d'un événement dont nous ignorons encore tout des formes qu'il prendra au lendemain du 7 juillet ?

Roger-Pol Droit. – Le verdict des urnes, quel qu'il soit, est bien plus intéressant que n'importe quelle élucubration. Au jour où nous nous parlons, 25 juin 2024, le premier tour n'a pas eu lieu. Personne ne peut dire quelle sera l'issue finale de ce scrutin. Même s'il devait déboucher sur une confiscation de la démocratie par un extrême ou par l'autre, ce résultat lamentable n'en serait pas moins, en un sens, « positif ». Car mieux vaut savoir où l'on en est, même si c'est une catastrophe, que de vivre dans l'imaginaire et l'illusion. Comme à cet instant rien n'est joué, il est toujours possible de répéter que l'on n'est jamais à l'abri d'une bonne surprise.

Mais ce ne sont là que piètres consolations. Parce que ce qui s'est mis en route avec cette dissolution vient de plus loin et va se poursuivre fort longtemps, et de manière imprévisible, sauf pour dire que le chaos ne fait que commencer. Le plus probable, au moment où nous nous parlons, est que la France se révèle ingouvernable pour cause de tripartition : deux camps extrêmes de poids à peu près équivalent mais probablement dépourvus de majorité absolue, et un centre en perte de vitesse. Ce blocage des institutions laisse présager une cascade de péripéties dont les répercussions économiques, sociales et psychologiques pourraient être immenses.

Le RN promet le chaos économique, social, politique. Et moral

Pascal Demurger

28 juin

Il est coprésident de Mouvement Impact France et directeur général de la MAIF. Une même conscience pour deux responsabilités étanches, et donc pour deux espaces de liberté d'expression bien distincts. L'exercice est sensible. Qui prend la parole ? Peu importe. Avant tout le « citoyen Demurger », qui, à contre-courant du pesant mutisme de la plupart des chefs d'entreprise, fustige la décision présidentielle d'avoir mis « gravement et inutilement » en danger la paix sociale et la démocratie ; promet le chaos économique, social, politique et moral en cas de triomphe du RN ; ne disculpe pas les élites économiques et l'Entreprise d'être pour partie aux racines du mal-être des Français et donc du vote extrémiste. Mais il est aussi un entrepreneur. Et à ce titre adresse à sa communauté un message d'espérance : c'est dans l'entreprise – ses valeurs, son management, sa politique sociale et d'inclusion, sa responsabilité environnementale et sociétale – que prospère la plus solide résistance aux menaces planant sur la cohésion sociale.

Denis Lafay. – Comment le dirigeant d'entreprise traverse-t-il cette épreuve démocratique ? Est-il pleinement à l'unisson du citoyen ?

Pascal Demurger. – Nous sommes bien malgré nous confrontés à une folie politique. Je réagis ainsi en tant que citoyen, bien sûr, tout autant que dirigeant : dans ce contexte, les entreprises devront être une force civique.

Denis Lafay. – La responsabilité est au cœur de la fonction de patron. Le patron de la France a-t-il fait preuve d'irresponsabilité ?

Pascal Demurger. – « Le président de la République offre au Rassemblement national l'occasion de briguer le pouvoir. Ce n'est pas responsable », a déclaré l'ancien Premier ministre Lionel Jospin[1]. Le chef de l'État a exprimé là une relation au pouvoir et un exercice de la décision impétueux et solitaires, il a pris le risque du chaos, sa décision met gravement et inutilement en danger la paix sociale et la démocratie. Pour ces raisons, l'appréciation de Lionel Jospin me semble appropriée.

Denis Lafay. – La mise en pratique d'une telle conception omnisciente et autocentrée du pouvoir serait-elle possible dans une entreprise ?

---

1. Nathalie Segaunes et Sandrine Cassini, « Lionel Jospin : "Le président de la République offre au Rassemblement national l'occasion de briguer le pouvoir. Ce n'est pas responsable" », *lemonde.fr*, 16 juin 2024.

Sa gouvernance la protège-t-elle des « comportements à risque » de son patron ?

Pascal Demurger. – J'aimerais croire que les dirigeants sont tous immunisés contre ce risque... Heureusement, l'entreprise est traversée par des forces intérieures (gouvernance, partenaires sociaux, partenaires financiers) qui sont censées contrebalancer le risque d'exercice solitaire ou autocratique du pouvoir. Les grands groupes, corsetés par une gouvernance très formalisée, sont sans doute les moins « à risque ».

Denis Lafay. – Le président du Medef, Patrick Martin, estime que « le programme du Rassemblement national est dangereux pour l'économie française, la croissance et l'emploi ; celui du Nouveau Front populaire (NFP) l'est tout autant voire plus ». Au mot près, partagez-vous son analyse ?

Pascal Demurger. – Le RN n'a pas le monopole des stratégies conflictuelles et des programmes économiques incohérents et aux conséquences possiblement délétères. Mais comme coprésident du Mouvement Impact France, j'ai porté la position selon laquelle le danger le plus immédiat est l'arrivée possible du RN au pouvoir. Son programme économique est en effet très inquiétant et pourrait exposer la France au chaos. Ce qui le distingue, c'est qu'il est adossé à des visées idéologiques qui promettent au pays un redoutable affaissement moral.

Denis Lafay. – Une partie des dirigeants d'entreprise hostiles à ses idées privilégient toutefois le RN au NFP, pariant sur une meilleure considération de l'entreprise et la préservation de leurs intérêts personnels. Cette indulgence est-elle de courte vue ? Car le RN au pouvoir ne sera-t-il pas synonyme de risques « exogènes » (déstabilisation européenne, dégradation des inégalités, inconstitutionnalité de promesses électorales, éruption sociale, déchirements dans la société, aggravation du péril climatique) à même de fragiliser *toute* l'économie, et donc la santé de *toutes* les entreprises ?

Pascal Demurger. – Tout à fait. Au chaos strictement économique que Patrick Martin a souligné et qui affaiblira l'attractivité de la France, la stabilité des marchés, et donc tout simplement l'activité des entreprises, j'ajoute un chaos moral, politique, social, diplomatique. Comment les entreprises pourront-elles avancer sereinement avec un pouvoir qui fait peser des risques sur l'État de droit ? Qui déclare vouloir défier le Conseil constitutionnel s'il s'oppose à son projet ? Qui fait peser sur les étrangers et sur les Français binationaux une épée de Damoclès ?

Denis Lafay. – Comment le fonctionnement de l'économie et l'organisation du capitalisme contemporains ont-ils favorisé la popularité des formations politiques « extrêmes » ?

Pascal Demurger. – On peut situer le germe dans les années 1980, quand commencent de se diffuser une vision très libérale de l'économie, une conception très financière du capitalisme, une approche très court-termiste des marchés, un appétit exacerbé de rentabilité. Une sorte de passage en force de l'économie de marché, quelles que soient les conséquences sociales, écologiques, démocratiques.

Denis Lafay. – Depuis quatre décennies se développerait donc « une façon d'exercer le business » qui porte les ressorts d'un dépit social, d'une aggravation des inégalités, d'une disqualification du travail, aux origines du vote RN. Quelle responsabilité l'entreprise doit-elle endosser, elle qui par goût ou par obligation entretient la mécanique de surcompétition, de surefficacité, de surproductivité, de surrentabilité aux racines du mal-être éprouvé par une partie des Français ?

Pascal Demurger. – Beaucoup de Français partagent le sentiment d'être méprisés par les élites. On se focalise souvent sur les élites politiques, intellectuelles, culturelles, mais nous, dirigeants d'entreprise, devons aussi faire notre introspection. Nous ne sommes pas toujours étrangers au sentiment de déclassement, d'abandon, de ras-le-bol éprouvé avec raison et qui s'exprime dans les urnes par des suffrages RN. Par exemple, des pratiques managériales brutales, déshumanisées, sont des exemples des hiatus entre le monde du travail et les élites économiques. Comment un salarié vit-il d'être la variable d'ajustement d'une politique de délocalisation ou de surprofitabilité ? Comment le consommateur vit-il d'être soumis à une pression commerciale et marketing irrespirable ? Comment le citoyen vit-il d'être la cible de pratiques financières qui l'étouffent ou de la mise sur le marché de produits qui mettent sa santé en danger ? La considération pour les personnes et le long terme est trop souvent déclassée au profit d'intérêts financiers et de court terme.

Denis Lafay. – L'historien Hervé Joly indique que, « contrairement aux idées reçues, le patronat n'a pas soutenu ou favorisé l'arrivée au pouvoir de l'extrême droite » dans l'Allemagne de 1933 ou la France de Vichy. En revanche, une fois ces pouvoirs installés, les patrons s'en sont toujours « habilement accommodés ». Ce scénario, qui convoque le préfixe « co-» dans l'immense variété des couleurs grises (du très clair au très foncé : de la simple co-habitation à la co-llaboration et même à la co-élaboration), le craignez-vous si la France bascule le 7 juillet (ou plus tard) à l'extrême droite ?

Pascal Demurger. – Le risque ne peut pas être écarté. Des entreprises pourraient se focaliser sur leurs seuls enjeux économiques, au risque de nier le questionnement éthique, voire l'exigence morale que la situation suggérerait. En tant que dirigeants, nous avons pour devoir d'assurer la pérennité de l'activité et des emplois de nos entreprises. Cette responsabilité économique est bien sûr fondamentale. Mais elle ne peut pas contrevenir à notre responsabilité morale, elle-même essentielle.

Elle questionne un autre sujet : le rapport au temps. Ce qui est propre au capitalisme contemporain, c'est le court terme. Et désormais, ce que nous désignons par long terme n'est plus un horizon, mais une succession de phases court-termistes pendant lesquelles l'entreprise maximise les profits. Cela au prix de coûts sociaux et humains, au prix aussi d'un relativisme, voire d'une cécité, sur son « environnement » – politique, sociétal.

Denis Lafay. – En résumé, si elle est confrontée à un tel cas de figure, l'entreprise en tant qu'entité morale et ses dirigeants devront serpenter sur la fragile ligne de crête qui distingue le tolérable et le compréhensible de leurs antonymes. Qui différencie le compromis de la compromission...

Pascal Demurger. – Selon moi, ce qui favoriserait délibérément la pérennité de l'extrême droite au pouvoir serait un signe de compromission.

Denis Lafay. – Comment, *a contrario*, l'entreprise pourrait-elle faire – légalement – résistance à la possible dislocation de ses « valeurs » dans la société ?

Pascal Demurger. – Elle dispose d'un large éventail de pistes, qui sont d'ailleurs les mêmes qui permettent aujourd'hui à un corps social d'être dans l'apaisement, la reconnaissance, l'encouragement, l'empathie – à mes yeux les conditions pour ne pas se sentir méprisé et donc ne pas être tenté par le suffrage extrémiste. Ces pistes, ce serait une politique managériale qui, du sommet à chaque strate intermédiaire, fait confiance, prône le dialogue, le respect, la considération, la pédagogie, la responsabilisation et cherche à « embarquer » dans un collectif. Ce serait un plan d'inclusion très ambitieux (personnes handicapées, étrangères, transgenres) pour contrer les effets d'une politique nationale excluante. Ce seraient des actions de solidarité concrètes. Ce serait une stratégie audacieuse en faveur du climat, auquel le programme du RN n'accorde pas d'intérêt.

Les entreprises peuvent être une force civique. Plus que jamais elles doivent exercer un rôle majeur d'apaisement social, de cohésion sociale.

Denis Lafay. – À deux jours du premier tour, appelez-vous à ne pas voter Rassemblement national ?

Pascal Demurger. – En tant que dirigeant d'entreprise, il ne m'appartient pas de donner des consignes de vote. Je dois respecter la liberté de chacun dans le secret de l'isoloir. Ma contribution politique est de nature sociale, elle n'est pas partisane.

Denis Lafay. – Je reformule ma question : elle ne sollicite pas une « consigne de vote pour une formation alternative au RN », mais simplement l'invitation « à ne pas voter pour le RN ». Cela dans le prolongement naturel et logique de vos déclarations, très claires, contre le RN.

Pascal Demurger. – Cette « invitation » serait *de facto* une consigne, et ce n'est pas de ma responsabilité d'agir de la sorte. J'insiste : en ma qualité de coprésident d'Impact France, j'estime que le programme du RN est économiquement, moralement, socialement, diplomatiquement dangereux. Mais ce qui est évident à mes yeux, je dois évidemment respecter que cela ne le soit pas chez l'autre.

Denis Lafay. – L'enjeu est de distinguer scrupuleusement les électeurs du RN, qu'il est fondamental de respecter et dont il est essentiel de comprendre les motivations, et les dirigeants du RN. Lesquels jouent de l'amalgame, une pratique populiste courante.

Pascal Demurger. – Déborder de la règle que je m'impose signifierait que j'adopte une posture en surplomb, qui pourrait être jugée – à juste titre – infantilisante et méprisante. Exactement la réaction dont le RN fait son terreau. Les citoyens souffrent de ne pas être considérés : dans leur mode de vie, leurs difficultés financières, leur isolement, etc. Dans ces conditions, et dans le contexte politique que nous éprouvons collectivement, respecter leur liberté de penser, de juger, et donc de voter, c'est-à-dire les considérer évidemment comme des citoyens à part entière, est encore plus essentiel.

Denis Lafay. – J'insiste : au titre d'Impact France, vous alertez sur le « danger imminent » que la victoire du RN fera peser sur « l'économie et la démocratie » et appelez le monde économique à « agir durablement sur les racines de ce vote ». Mais vous vous interdisez d'amorcer une critique en votre qualité de directeur général de la Maif. Un « deux poids deux mesures » qui peut questionner votre alignement personnel, peut-être même une scission dictée par la nature de vos deux responsabilités ?

Pascal Demurger. – J'insiste de mon côté *(sourire)*. Le rôle du dirigeant est d'agir conformément aux valeurs de son entreprise en respectant les convictions de son corps social. Celui du représentant d'une organisation patronale est de porter une voix collective pour éclairer le débat public, comme le font le Medef ou l'Afep. La vocation d'Impact France est de réunir des entrepreneurs déterminés à construire une nation solidaire, écologique, ouverte : là, nous sommes donc pleinement dans notre responsabilité d'alerter quant aux conséquences économiques et sociétales de l'application d'un programme RN.

Denis Lafay. – Un administrateur d'Impact France, Philippe Zaouati, a démissionné suite aux prises de position du mouvement. Il vous reproche « une faute : l'absence de toute condamnation de l'extrémisme de gauche. Cette position va naturellement nous conduire à voter pour des candidats LFI contre des candidats RN, acceptant ainsi de banaliser définitivement l'antisémitisme comme argument politique dans notre pays ». Une décision symptomatique de la polarisation politique qu'exerce la flambée d'actes antisémites en France ?

Pascal Demurger. – D'où qu'il vienne, l'antisémitisme est une horreur innommable. Le mal absolu. Qu'il soit redevenu une réalité aussi crue dans notre société, et qu'il occupe une place autant prégnante dans la campagne des législatives constitue un échec moral et collectif majeur. Je comprends parfaitement et partage les inquiétudes de Philippe Zaouati et j'espère qu'il reviendra parmi nous. Le choix de la gouvernance d'Impact France de concentrer son appel sur le risque RN est lié à l'urgence. Ce qui représente la probabilité la plus imminente, c'est l'arrivée au pouvoir de l'extrême droite.

Denis Lafay. – Il est compréhensible qu'il soit très délicat pour le directeur général de la MAIF de prendre une position politique quand potentiellement 40 % de ses dix mille salariés et de ses quatre millions de clients professionnels et particuliers votent RN ou Reconquête !. Regrettez-vous que votre liberté de citoyen doive s'effacer devant vos devoirs de patron ? Après tout, le patron du Medef a exprimé un message clair, volontiers jugé courageux, contre la sensibilité politique d'une partie de ses adhérents.

Pascal Demurger. – Je mentirais si j'affirmais être imperméable au risque potentiel d'irriter des salariés et des clients. Encore une fois, distinguons le rôle du dirigeant d'entreprise de celui du représentant d'une organisation patronale. Comme dirigeant, je préfère me concentrer sur nos exigences en matière de conditions objectives de travail, de considération individuelle, de climat social, de relations aux clients. C'est là que je suis le plus utile.

Patrick Martin a en effet fait preuve de courage en « sortant du bois ». En tant que coprésident d'Impact France, je m'emploie également à porter collégialement une voix. J'aimerais aussi – avec d'autres organisations patronales, dont bien sûr le Medef, et des syndicats de salariés – que soit énoncée une prise de position commune pour appeler à l'apaisement, au rassemblement. Y parviendrons-nous ? Je ne sais pas. Réunir des obédiences différentes ou même rivales constituerait un message puissant à destination du monde du travail.

Denis Lafay. – Le Nouveau Front populaire a fait des propositions fortes pour donner un nouveau souffle à la démocratie d'entreprise, notamment en intégrant davantage de représentants des salariés dans les instances de gouvernance. Réformer la démocratie sociale ou d'entreprise, c'est un moyen de consolider « toute » la démocratie ?

Pascal Demurger. – L'entreprise n'a pas pour objet d'« être une démocratie », mais elle a des engagements et une responsabilité « politiques » – vis-à-vis des salariés bien sûr, mais aussi des parties prenantes, des enjeux (sociaux, culturels, climatiques) de son territoire. Et donc du cadre démocratique dans lequel elle évolue. L'entreprise « doit » à tout cet écosystème. Faire progresser la démocratie en son sein profite mécaniquement à la dynamique démocratique collective, puisque chaque salarié, chaque investisseur, chaque client responsabilisé et entreprenant prend mieux soin de *ce* et de *ceux* qui l'entourent. Le collaborateur d'une entreprise véritablement soucieuse d'inclusion, de lutte contre les inégalités, de respect de l'environnement, sera sensibilisé à porter cette exigence au dehors de l'entreprise.

Cette aspiration commande de repenser le partage du pouvoir dans l'entreprise et la formation de ceux qui s'y engagent ; elle sollicite l'opinion et les propositions des salariés – directement *via* des groupes de travail, mais sans affaiblir les organisations syndicales – ; elle déploie un management *réellement* participatif qui responsabilise, contribue aux innovations sociales et s'exprime jusque dans la réflexion stratégique.

Tout cela poursuit une conviction cardinale : la salubrité de l'entreprise et celle de la société reposent sur la même exigence de cohésion sociale.

Denis Lafay. – Projetons-nous le 8 juillet au matin. Le Rassemblement national a obtenu la majorité absolue et Jordan Bardella se prépare à succéder à Gabriel Attal. Que faites-vous ?

Pascal Demurger. – Je m'adresse en priorité et urgemment aux dix mille salariés. Je ne me cache pas d'exprimer ce que cette nouvelle situation m'inspire quant aux valeurs qui nous animent, qui font l'histoire du groupe – et la mienne. Je leur demande de ne pas importer dans l'entreprise les conflits et les déchirements que la situation politique ne manquerait pas de susciter au sein de leurs familles ou auprès de leurs amis. L'entreprise jouera son rôle d'apaisement et doit rester un sanctuaire. Et je les rassure. Sincèrement. Valeurs, organisation, relations sociales, ambitions : aucun des fondamentaux de la MAIF ne fléchira. Et même, nous nous emploierons ensemble à les fortifier. Ce sera notre manière de défendre nos valeurs. De résister.

Face au RN, où sont les patrons ?

Denis Lafay

29 juin

Sa stratégie de dédiabolisation, le Rassemblement national ne l'a pas déployée qu'à l'Assemblée nationale ou sur les plateaux de télévision : elle a ciblé le monde patronal, dont l'embarras, la résignation, voire la tentation de l'abdication, ont crû proportionnellement à l'hypothèse d'une victoire de Marine Le Pen en 2027 et, pour commencer, de Jordan Bardella aux législatives. Que faire : adopter le mutisme, par adhésion, intérêt, réalisme ou cynisme, comme Michel-Édouard Leclerc posant, hilare, avec le député Sébastien Chenu ? Cantonner sa réprobation au volet économique instable, illisible, dangereux, voire même inconstitutionnel ? Ou être en lutte au nom de la raison d'être et de la responsabilité morale consubstantielles à toute entreprise ? La ligne de crête, en réalité, est étroite. Et se comprime au fur et à mesure que le RN réussit sa manœuvre de notabilisation, et que « potentiellement » 30 % des salariés, clients, interlocuteurs des entreprises – et des membres des syndicats patronaux – souscrivent à son suffrage. Il est incontestable qu'on ne peut plus incriminer le RN en 2024 comme on pourfendait le FN de 2002. La fille du père a gagné.

Le sens de la photo, twittée le 16 janvier 2023, sur laquelle il posait aux côtés du député Sébastien Chenu ? « Michel-Édouard Leclerc s'adresse à une partie des clients qui fréquentent ses hypermarchés ». Extrait de l'excellente série du *Monde* consacrée à l'enracinement du Rassemblement national, en l'occurrence le chapitre réservé à sa nouvelle stratégie dans les milieux économiques et patronaux. Bribe symptomatique de l'érosion généralisée des digues qui a contaminé la sphère dirigeante.

Michel-Édouard Leclerc, si « bon client » et dont l'accorte frimousse vampirise les plateaux TV, Michel-Édouard Leclerc, bien moins *héraut* des agriculteurs que *héros* des intérêts de son enseigne, Michel-Édouard Leclerc, qui, en 2017, sur son blog, exhortait à ce que « personne n'imagine un seul instant » qu'il puisse « voter pour quelqu'un [Marine Le Pen] qui propose la déconstruction de la plus grande avancée politique du XXe siècle » : l'Europe de la « monnaie unique » ou de la « libre circulation des hommes et des idées ». Et donc, en 2023, ce Michel-Édouard Leclerc qui, en s'affichant tout sourire aux côtés du député RN de la 19e circonscription du Nord, « s'adresse en réalité à une partie des clients qui fréquentent ses hypermarchés », illustrant une règle devenue d'or : le pragmatisme a enterré les convictions, l'intérêt industriel et marchand disqualifie toute exigence éthique.

Au début de l'hiver 2021, presque à l'acmé de sa célébrité, le candidat Éric Zemmour jouissait d'une aura significative dans les milieux patronaux, au-delà des cercles (plus propices) de la CPME ou des syndicats artisans. Un hiérarque du Medef confiait même en privé sa « stupéfaction » : le fondateur de Reconquête ! surfait sur l'irrationalité et la déraison du programme économique de Marine Le Pen, engluée dans sa stratégie de séduction de l'électorat populaire et empêtrée dans son incompétence économique. Aujourd'hui, il semble loin le temps où le RN promouvait le Frexit, fustigeait les managers du CAC 40, appelait à quitter l'euro, vomissait les grandes écoles, viviers des élites. Certes, les promesses d'une retraite à 60 ans ou d'un retour à un impôt sur le capital financier, n'ont pas été de nature à réconcilier Marine Le Pen avec le « grand » (par opposition aux TPE, PME et artisans) patronat. Mais, comme l'a indiqué le député Jean-Philippe Tanguy, si déjà ces importants influenceurs sont « débranchés », ce sera gagné. En d'autres termes, *ne rêvons pas de les avoir avec nous, mais si au moins ils ne sont plus contre nous*… La neutralité vaut mieux que l'hostilité : en l'occurrence, mieux qu'un poncif. La tactique d'écouter et de se taire, d'être discipliné et affable, d'observer sans prendre de risque programmatique, de rassurer, bref cette méthode de l'*attentisme courtois*, centrale dans la manœuvre de dédiabolisation du RN, a bel et bien contaminé l'aréopage décisionnel.

Que faire ? « On prend le maquis ? »

Les réticences du milieu patronal à blâmer le RN vont continuer de fondre au fur et à mesure que l'hypothèse d'une victoire au scrutin présidentiel 2027 grandira. Inévitablement. La campagne de dédiabolisation compressant avec succès la racine idéologique et morale qui depuis plusieurs décennies motivait les condamnations, ces critiques se concentrent sur le programme économique. Lequel pourrait se normaliser jusqu'à effacer l'outrance et les inepties d'« avant » – au moins jusqu'au moment où le débat imposera de « sortir du bois ».

La campagne des législatives en a fait la démonstration : le RN a navigué à vue, a tergiversé sans cesse, a reculé (retraite, etc.) et oscillé au gré des objections factuelles. Quant à ses mesures sur le statut des binationaux et la préférence nationale, déplorées par les employeurs, elles ne peuvent même pas résister au droit constitutionnel. Les dirigeants syndicaux, à l'image du président du Medef Patrick Martin, n'ont pas manqué de juger ledit programme « dangereux pour l'économie française, la croissance et l'emploi ». Au final, qu'en reste-t-il ? Un plus petit dénominateur commun qui glace bien moins que le projet du Nouveau Front populaire, que le même Patrick Martin promet « fatal pour toute l'économie ». Mais alors, si même le programme du RN n'est plus aussi ridicule ou explosif et apparaît moins délétère que celui de ses opposants, s'il ne donne plus suffisamment de matière aux contempteurs déterminés à combattre l'extrême droite sur le terrain des faits pour asseoir leur crédit, comment mobiliser la communauté patronale ?

Oui, que faire ? L'embarras est immense, et fondé. Cité dans *Le Monde* quelques mois avant le scrutin législatif, Patrick Martin, peu suspect d'une quelconque sensibilité aux thèses du RN, résumait bien le dilemme : « Qu'est-ce qu'on fait s'ils gagnent en 2027 ? On prend le maquis ? » Oui, que faire ? Au fur et à mesure que la popularité du RN progresse, la gêne des patrons enfle ; Jordan Bardella et ses alliés raflant un tiers des suffrages lors des législatives, cela signifie que, potentiellement, un tiers des salariés, un tiers des clients, un tiers des fournisseurs, un tiers des financiers sont sympathisants du RN et/ou de ses deux chefs de file. Comment, dans ces conditions, morigéner la formation d'extrême droite ? La résignation personnelle, l'abdication collective progressent proportionnellement à la part croissante qu'occupe l'adversaire ; voilà une règle universelle, à laquelle l'objet de cette tribune ne déroge pas. Et qui menotte la communauté patronale. Lors des législatives 2024, nonobstant quelques coups d'éclat isolés (Alain Minc) et rares tribunes publiques, un lourd silence s'est imposé, qui donne encore plus de relief à la rage exprimée en 2002 par la communauté économique lorsque Jean-Marie Le Pen avait propulsé le Front national au deuxième tour de la présidentielle.

Il n'est peut-être pas trop tard

En effet, la vague atteint un niveau qui désormais rend le blâme éthique de plus en plus délicat. Voire incompris. Pour autant, le choix demeure. Parce que Marine Le Pen – ou, en cas d'inéligibilité suite à son procès en correctionnelle dans « l'affaire des assistants parlementaires », Jordan Bardella – pourrait être au pouvoir, son opposition patronale doit-elle préserver ses arrières et pour cela baisser la garde ? Ou au contraire, parce qu'un peu plus de trente mois séparent encore la France de cette hypothèse, doit-elle redoubler de pugnacité dans un *combat éthique* ? Un *combat éthique* réfléchi et argumenté, un *combat éthique* qui distingue la hiérarchie nationale-populiste d'un électorat par essence respectable – et dont certaines motivations méritent d'être entendues –, un *combat éthique* exposant ce que deviennent les nations et les sociétés des pays qui succombent à l'illibéralisme (en matière de libertés, de droits humains, d'éducation, de culture, de reconnaissance à l'international, en matière aussi de « climat » social, économique, humain). Surtout : un *combat éthique* démontrant que *l'œuvre d'entreprise* (raison d'être, politique RSE, considération syndicale, stimulation du corps social, solidarité intra-personnel, rayonnement territorial) n'est pas compatible avec le mantra d'extrême droite. Il n'est peut-être pas trop tard.

À leurs risques et périls

N'en déplaise à certains dirigeants cyniques et actionnaires obsessionnellement mercantiles, la « raison d'être » (au sens philosophique et non formel du terme) d'une entreprise n'est pas confinée à « seulement faire du business », elle n'exonère pas sa direction, sa gouvernance, ses salariés, ses actionnaires, d'autres responsabilités que d'accumuler marges, profits et dividendes. À l'heure où les entreprises rivalisent de détermination (et de communication) pour afficher leurs « valeurs », ancrer leur « identité », promouvoir leur RSE, mais aussi être attractives pour séduire une jeunesse aux aspirations fragmentées – et aider à déconstruire les fantasmes de celle sensible aux sirènes du RN –, le sujet « politique » ne peut pas être nié.

L'entreprise constitue un terrain de jeu propice pour attiser, certes, mais surtout pour conjurer le mal-être que les citoyens ont transformé en suffrage RN ; on s'y épanouit, on en est évincé, on la subit, on la construit. On la quitte, on la partage, on s'y sociabilise. On y dialogue ou elle muselle, on y finance sa retraite et sa protection sociale, elle est fragile et généreuse, elle est performante et « égoïste ». Elle rend heureux et parfois malheureux, elle fait grandir et parfois abrutit, elle est justice et parfois injustice. Elle questionne l'exercice du pouvoir et de la démocratie, elle est cause et réponse aux dégâts sociétaux et environnementaux. Elle peut être un espace de répit, d'apaisement, de pacification, de cohésion sociale, de ressourcement créatif érigé contre l'explosion sociale et ce qui motive des électeurs d'extrême droite – autant que de gauche. Elle est donc bien une grille de lecture du scrutin législatif qui bouleverse le panorama politique… et économique. L'entreprise est le barycentre de tout (ou presque) qui fonde la raison de *faire* et même d'*être*, s'il est admis que le travail est au cœur de ce que nous sommes. Vraiment donc, la responsabilité et même la finalité d'une entreprise ne sont pas que business.

En sociologie du travail, il est un truisme que le contexte *macro* – politique, économique, social – exerce une influence sur l'exercice culturel et managérial. Imagine-t-on piloter, réunir, entraîner, stimuler un corps social dans un environnement politique et sous un joug partisan qui hystériseront haine et divisions ? Bon courage… Cet effet collatéral délétère – un parmi bien d'autres – est-il cerné ? Pas sûr que Michel-Édouard Leclerc, hilare au côté de Sébastien Chenu, l'ait appréhendé. Sûr, en revanche, qu'il a tombé le masque. Comme une partie, mathématiquement croissante, des dirigeants d'entreprise. À leurs risques et périls. Et à ceux de l'Entreprise.

Macron, Biden : une même vanité, un même chaos pour la démocratie

Denis Lafay

1er juillet

*Ce 30 juin, les urnes ont puni l'hubris d'Emmanuel Macron. Trois jours plus tôt, l'hubris a entraîné Joe Biden dans le naufrage face à Donald Trump. L'un et l'autre ont perdu, et l'histoire pourrait retenir que leur « délire » a sciemment précipité leurs démocraties dans le chaos. Un délire manifestant le redoutable sentiment d'*invulnérabilité, *dont l'histoire de la peinture trace sans pareil la principale racine : la vanité.*

Trente-trois pour cent pour le Rassemblement national et ses alliés, 28 % pour le Nouveau Front populaire, 22 % pour Ensemble (majorité présidentielle). D'ici au 2 juillet 18 heures, date limite de dépôt des candidatures, difficile de déchiffrer la configuration définitive des nombreuses triangulaires, même si les déclarations de Gabriel Attal et des dirigeants du Nouveau Front populaire appelant à se désister mutuellement en cas de troisième place pour faire barrage à un candidat RN en tête, l'éclaircissent – un peu.

Ce lundi 1er juillet, une majorité de Français se sont réveillés sonnés. Tétanisés devant l'alternative la plus probable : le RN disposant d'une majorité absolue, ou une Assemblée morcelée en trois forces et donc conjecturant une gouvernance illisible, voire une ingouvernabilité. Sidérés face au vide, inéluctable depuis le 9 juin à 21 h 05, lorsque le chef de l'État a prononcé la dissolution de l'Assemblée nationale et convoqué des élections législatives « express ». Ce soir-là, un homme avait, seul, décidé d'embarquer un pays, un État, une société, une économie, et surtout 68 millions d'individus, au bord d'un précipice. Il le savait : la chute était inexorable.

Toutefois, depuis longtemps sourd aux cris d'une population qui lui exprime majoritairement son exécration, il espérait extraire « son » peuple des limbes et le hisser vers la lumière. Tel un sauveur. Tel le messie, ce même messie vers lequel, à l'âge de douze ans, lui, le fils d'athées, s'était tourné en réclamant d'être baptisé. Le neuropsychiatre Boris Cyrulnik l'a bien circonscrit : toute l'existence d'Emmanuel Macron est bâtie sur « l'extraordinaire ». Sa trajectoire de vie, professionnelle et personnelle, il la conçoit dans une succession ininterrompue et effrénée de défis inaccessibles au « commun des mortels ». Leur accomplissement est censé l'élever au rang de bienfaiteur, de libérateur sacralisé par une nation qu'il pense redevable de sa sagacité et de son abnégation sacrificielle. L'extraordinaire décision de dissoudre l'Assemblée est donc intervenue dans « l'ordre des choses ».

Mais il a perdu. Et, cette fois-ci, les conséquences de la défaite ne sont pas quelques poignées de jetons abandonnées autour d'une table de blackjack. Elles se nomment – potentiellement – fragilisation des institutions, panique économique, discrédit international, délitement européen, appauvrissement des services publics, éruption sociale, polarisation des consciences politiques, éventration du débat public, et même déchirements affectifs au sein des *groupes humains* (familiaux, amicaux, professionnels). Oubliée la fête des Jeux olympiques, relégué l'enjeu ukrainien, déclassée la priorité climatique, écartée l'urgence *de faire de nouveau société et démocratie.*

Dans une pirouette désespérée, Emmanuel Macron avait même prophétisé une « guerre civile » si la victoire revenait à l'un des pôles extrêmes. L'hypothèse insurrectionnelle est peu probable, mais la haine qui sédimente dans la société depuis trop longtemps a trouvé dans cette élection le chalumeau pour incendier au-delà des paroles et des suffrages. Désormais, une majorité de Français vont apprendre à cohabiter avec un président qui, à la détestation qu'il suscitait déjà, ajoute le ressentiment provoqué par l'irresponsabilité de la dissolution. Comment le vivront-ils ? le vivra-t-il ? Mystère.

Une même culpabilité

D'Emmanuel Macron, l'Histoire oubliera d'indiscutables réalisations, elle négligera les tout aussi incontestables faillites, elle ne retiendra que sa responsabilité délibérée, c'est-à-dire sa *culpabilité* dans le péril démocratique et même civilisationnel auquel *toute* la France est dorénavant exposée.

Trois jours avant ce premier tour, près de cinquante millions de paires d'yeux étaient braquées sur CNN qui retransmettait le premier débat opposant Joe Biden à Donald Trump. L'Amérique démocrate constatait, pétrifiée, le naufrage de son candidat, égaré, prisonnier d'errements gestuels et verbaux inhérents à son déclin. Cette fois, il ne s'agissait pas d'une simple image capturée au détour d'un déplacement à l'étranger et soustraite à la vigilance de sa garde, mais de l'exhibition planétaire des dysfonctionnements cognitifs du postulant à sa réélection à la présidence des États-Unis. L'Amérique républicaine, elle, jubilait, son icône à peine plus jeune condescendant presque à épargner sa proie, à terre, tel le matador pris de pitié au moment de porter le coup de grâce. Et, cette fois, *toute* l'Amérique – et le reste du monde – de s'interroger sur l'obstination, la fuite en avant d'un octogénaire prêt à abandonner « son » pays aux griffes d'un rival diabolique déterminé à empoisonner la plus grande démocratie. Ce 27 juin, Joe Biden non seulement *était* mais aussi *avait* perdu. La couverture du *Time*, titrée *Panic*, glaçait ; rouge et nue, laissant poindre sur le côté sa silhouette courbée et harassée.

De lui aussi, l'Histoire retiendra un entêtement acharné à défier l'inéluctable vieillissement, et donc sa responsabilité délibérée, c'est-à-dire sa *culpabilité* dans l'effondrement domestique, géopolitique, climatique, et même civilisationnel que prédit la (très) possible victoire de Trump le 5 novembre prochain.

Quand l'autodestruction devient destruction d'autrui

Les mêmes questions cherchent à déchiffrer ces deux épreuves tragiques de l'histoire, que sépare un océan – davantage qu'aquatique : culturel. Comment des démocraties séculaires peuvent-elles autoriser des comportements qui les mettent en péril ? Comment des présidents disciples de la démocratie peuvent-ils piétiner leurs devoirs et, sciemment, exposer à l'indicible des populations qui, par les urnes, leur ont confié la responsabilité de les en protéger ?

D'Emmanuel Macron, il semble que depuis le 9 juin – et même avant – toutes les auscultations, interprétations et autres supputations ou élucubrations sur l'explication psychique de son « coup de folie » ont été passées en revue. S'il est possible de s'accorder sur un terme, « délire » – du latin *delirare*, signifiant s'écarter du sillon – semble le plus approprié, puisque son acte constitue à la fois « une perte du sens de la réalité se traduisant par un ensemble de convictions fausses, irrationnelles, auxquelles le sujet adhère de façon inébranlable » et « une frénésie, une exaltation causées par des passions violentes, un enthousiasme exubérant ».

La relation au pouvoir est également cardinale : la solitude du pouvoir, l'ivresse du pouvoir, l'abîme du pouvoir, la propriété et la séquestration du pouvoir, l'*hubris* du pouvoir mettent en permanence à l'épreuve l'orgueil et la fatuité, la sacralité et l'omniscience. Lorsque ces items sont contrariés, rien ou presque ne semble freiner la démesure, l'irrationalité, le sabordage. Et l'autodestruction devient alors destruction d'autrui. Il est même une hypothèse crédible que sa science politique avait parfaitement anticipé l'issue du scrutin et la survenue du chaos, à même de restaurer ultérieurement aux yeux des Français, puis de réverbérer sur les siens, le regret d'un septennat finalement *pas si mal*…

Leur vanité aux origines de l'impensable

Mais c'est peut-être dans la psyché de Joe Biden que sont nichées les explications – certaines originelles – au « pari fou » d'Emmanuel Macron, toujours insensible aux réalités, au point de mener puis de surplomber la campagne des législatives alors qu'il cristallise le rejet des électeurs, causant la déroute de son propre bloc. Comment l'entêtement du président américain peut-il être interprété ? Par le sentiment d'invulnérabilité. Et de quoi celui-ci se nourrit-il principalement ? De vanité.

Où saisit-on le mieux les ressorts de la vanité ? Dans l'histoire de la peinture. Crânes, natures mortes, gibiers dépecés traduisent, depuis le début du XVIIe siècle, un genre voué à dénoncer l'inanité, la vulnérabilité, et même l'absurdité de l'existence humaine. Les œuvres de Claesz et de Barrot, de Champaigne et de Richter, de Dine et de Tavares, allégories de la Mort – la locution *memento mori*, qui leur est raccordée, signifie « Souviens-toi que tu es mortel » –, moquent la frivolité des richesses matérielles et la vacuité des passions et des activités humaines, elles rappellent que le temps d'*une* existence n'est qu'une fraction dans le temps éternel *de* l'existence. Elles ramènent à la raison les esprits épris de déraison, intoxiqués d'orgueil démesuré, envahis du sentiment d'invincibilité à partir duquel ils s'autorisent l'*impensable*.

Impensable est la vanité de Joe Biden, qui promet la démocratie américaine au démon illibéral, xénophobe, climatosceptique. *Impensable* est la vanité d'Emmanuel Macron, qui prépare la démocratie française au chaos. Pas sûr qu'un petit tour à la Frick Collection ou dans quelques salles du Louvre sortent l'un et l'autre de la torpeur « délirante » dans laquelle l'exercice du pouvoir les a ensevelis.

Ce qui est certain, c'est que la vanité ne provoque pas les mêmes réactions selon le cadre où elle s'exprime. Elle désopile lorsqu'elle frappe un individu se ridiculisant sur le lieu de travail ou plastronnant lors d'un dîner… de cons. Plus le cercle de son audience et l'acuité de ses conséquences s'étendent, plus le rire devient rictus puis grimace. Lorsque le périmètre couvre un pays entier et que ses effets mettent en péril une société et une démocratie, elle n'amuse plus du tout. Elle fait peur. Et même pleurer.

Petit rappel à l'attention de ceux qui croient que le RN n'est plus d'extrême droite

Denis Lafay

9 juillet

Même dans la défaite aux législatives, le Rassemblement national poursuit sa manœuvre de dédiabolisation, en faisant profil bas sur les raisons endogènes de son – très relatif – échec. Stratégie sincère ou captieuse ? L'Europe offre une grille de lecture éclatante. En mai, le RN décidait de rompre avec le diabolique parti allemand AfD, dont il partageait les bancs du groupe Identité et démocratie (ID) au Parlement. Le RN n'était donc plus une formation d'extrême droite ? Les discours des oracles européens et (sud)-américains avec lesquels Marine Le Pen a occupé la scène le 19 mai à Madrid fournissent une réponse imparable. Et ce qui s'est conclu au lendemain du scrutin législatif français fait voler en éclats les ultimes incertitudes : Jordan Bardella prend la présidence du nouveau groupe parlementaire « Les Patriotes pour l'Europe » fédérant les formations d'extrême droite les plus radicales – et pro-russes –, et il s'entoure notamment de l'infréquentable député italien Roberto Vannacci. Lequel déclare que les homosexuels « ne sont pas des personnes normales », que l'avortement « ne doit pas être un droit », ou que la couleur de peau noire disqualifie de toute « italianité ». D'un suffrage à l'autre, le profil raciste et homophobe des disciples du RN est invariable.

Petit retour en arrière, avant le scrutin législatif français. Marine Le Pen poursuit méticuleusement son travail de sape pour normaliser le Rassemblement national. Parfaitement secondée par Jordan Bardella et des parlementaires français et européens aux ordres, elle semble convaincre chaque jour un peu mieux que le diable a abandonné l'ex-Front national. Son dessein peut être résumé à une vulgate qui sourd et suinte de plus en plus autour de nos oreilles : « Vous voyez bien que le RN ce n'est pas l'extrême droite ! »

Et les études d'opinion le confirment : aucune génération et aucune catégorie socioprofessionnelle ne résistent à cette *perception*, savamment mise en scène par l'illusionniste trentenaire promis, selon les sondages, à rafler un tiers des suffrages aux européennes (au final, 31 %). Visages affables, courtoisie et sourires systématiques, maîtrise rhétorique, discipline de fer, stratégie millimétrée de maillage territorial, techniques de communication performantes : les élus exercent (presque) sans fausse note le service après-vente. Et tirent profit, d'une part de l'analyse subtile et de l'exploitation opportuniste des « malaises » de la société française et de la défaillance démocratique, d'autre part des quelques « coups » idéologiques et médiatiques que distille le tandem pour susciter l'impression qu'il lave le RN de ses oripeaux et le professionnalise – oubliés l'abandon de l'euro, le Frexit, les références antisémites ou négationnistes, l'indéfectible soutien à Vladimir Poutine, etc.

L'AfD subitement infréquentable

Nouvelle étape mi-mai, lorsque le directeur de campagne de Jordan Bardella annonce que le RN se désolidarise du parti allemand d'extrême droite AfD, avec lequel il partage les rangs du groupe Identité et démocratie (ID) au Parlement européen. Motif : « les récentes déclarations de l'AfD », ouvertement antisémites. Ces dernières années, le RN dénonçait-il son partenaire lorsqu'il déversait ses plaidoyers délibérément racistes, câlinait les séides néonazis et les prêches négationnistes, était placé « sous surveillance » par le service de renseignement intérieur ? lorsque des cadres faisaient l'objet d'enquêtes, d'arrestations ou de condamnations pour collusion financière avec des sources russes et chinoises, espionnage au profit de Pékin, recours à des slogans de la Sturmabteilung (SA, milice paramilitaire qui escorta Adolph Hitler vers le pouvoir) ?

Non. Et voilà un signe supplémentaire des ingénieuses manœuvres du RN : scénariser habilement son divorce fait oublier instantanément qu'on a été marié. Que retient-on en effet ? Bien davantage le « panache » – certains oseront même : l'honnêteté, l'intégrité – de rompre avec le diable que les errements des longues années passées à ses côtés. L'état-major du RN peut s'appuyer sur un phénomène invariable : la mémoire de la réalité et la hiérarchisation de l'inadmissible ne résistent pas au pouvoir de l'instantanéité et de l'image, à celui des subterfuges, à l'effet populaire du revirement.

« Vive la liberté, putain ! »

Heureusement, il reste les faits. Le 19 mai, à Madrid, le meeting Viva 24 réunissait des caciques de la droite européenne nationaliste, populiste et extrémiste. Déchirée par des fissures idéologiques et des enjeux de groupe au Parlement européen (entre les exclus du PPE, ID et les Conservateurs et réformistes européens), ce jour-là elle enterrait pour quelques heures la hache de guerre. Sa haine commune du socialisme, de l'immigration, de la cancel culture, du wokisme, des « élites », des « systèmes », de l'État, des « ennemis » de la judéo-chrétienté, valait bien un répit momentané. À la tribune, physiquement ou en visioconférence, l'hôte Santiago Abascal (président de Vox), le Hongrois Viktor Orbán, l'Italienne Giorgia Meloni, le Portugais André Ventura, le Polonais Mateusz Morawiecki, l'Argentin autoproclamé « anarcho-capitaliste » Javier Milei (célébré comme une rockstar), des nervis de Trump… et Marine Le Pen. Qui avait fait le déplacement.

Et donc, de quels discours, de quels tribuns sa présence l'a-t-elle rendue mécaniquement solidaire et complice lors du meeting ? L'examen des allocutions ou des harangues vociférées ce jour-là révèle-t-il la *véritable identité* du RN ? Petit florilège non exhaustif.

« Vive la liberté, putain ! », hurle l'ultralibéral président argentin, en passe de dépecer toute l'architecture démocratique, économique, sociale de son pays. « Les valeurs de liberté ont été abandonnées par les dirigeants politiques, tombés amoureux de l'État et qui veulent les remplacer par la doctrine de la justice sociale – toujours injuste puisqu'elle implique le vol. Elles doivent être défendues contre l'assaut du socialisme maudit et cancéreux, cette idéologie qui cache fondamentalement le pire de l'être humain : l'envie, la haine, le ressentiment, l'inégalité de traitement devant la loi et, si nécessaire, le meurtre […]. Les politiciens ne comprennent pas que le coût du maintien de la pantomime des progressistes est la subversion de toutes les valeurs qui ont fait de la civilisation occidentale le fer de lance de l'histoire du progrès humain. » Et de s'adresser aux « socialistes », qu'il accuse de mener à la pauvreté et même « à la mort » : « Considèrent-ils les femmes comme des êtres inférieurs pour leur accorder des privilèges ? Savent-ils ce qui est le mieux pour la planète ? Laissez le marché trouver la solution, comme il l'a toujours fait. […] Il faut supprimer l'État parasite de la vie des gens. La tâche de l'État, si tant est qu'il existe, est de défendre la vie, la liberté et la propriété des individus. »

« Occupons Bruxelles ! »

Dans une formule guerrière et séditieuse qui rappelle étrangement celle qui précéda l'assaut du Capitole américain, le Premier ministre hongrois Viktor Orbán exhorte de son côté « les patriotes à occuper Bruxelles » puisqu'ils « ne peuvent compter que sur eux-mêmes pour défendre les frontières de l'Europe, assurer la sécurité et la paix des familles, aider les gens à avoir des enfants ».

Quant aux émissaires-sectateurs de Donald Trump, leur ultraconservatisme religieux éclate sans retenue. Au secours des « jeunes, bombardés par une culture et un système médical qui leur disent d'explorer tous les appétits sexuels dès l'âge de 10 ans et que l'avortement n'est pas la destruction de bébés mais un soin médical », en riposte à une gauche « coupable » du déclin de la natalité « car elle considère chaque être humain comme une source supplémentaire de pollution au carbone », Roger Severino l'assure : « Dieu ne se trompe pas. » Et le contempteur de la communauté LGBT, directeur du Bureau des droits civils du ministère américain de la Santé et des Services sociaux dans l'administration Trump, de prophétiser la « disparition de notre civilisation occidentale commune, précisément parce que nous avons oublié Dieu et le Christ ».

Le lobbyste et activiste Matt Schlapp n'est pas moins explicite : « Aux États-Unis, nous allons gagner parce que Donald Trump va redevenir notre président. Il reste des mois pour que les Américains se soulèvent. Parce qu'on leur a menti, par les mêmes personnes qui vous mentent ici, en Espagne. On vous a dit que vos familles étaient sans importance et brisées, qu'il valait mieux que vos enfants soient élevés par le gouvernement, que votre foi en Dieu était une idée fausse et une conception dépassée. Trump sera notre nouveau président parce que nous réaffirmons notre foi en Dieu, notre croyance en sa vérité. Nous le[1] remercions de nous avoir engagés dans ce combat pour la liberté, pour la civilisation, pour notre avenir, et il est crucial que nous, conservateurs et personnes qui croyons en la tradition et en la foi, nous tenions tous ensemble, main dans la main. Nous n'allons pas laisser Biden ou Soros nous diviser », parachève celui qui fait l'objet d'accusations sexuelles et d'actes d'exorcisme.

« Les homosexuels ne sont pas des gens normaux »

Quelques semaines plus tard, au lendemain du second tour des législatives, Jordan Bardella est nommé président du nouveau groupe parlementaire européen « Les Patriotes pour l'Europe », qui regroupe les formations d'extrême droite les plus radicales – et pro-Kremlin – : le FPÖ autrichien, le PVV néerlandais de Geert Wilders, le Vlaams Belang belge, la Lega italienne, le Vox espagnol, le Chega portugais, le Fidesz de Victor Orbán. Si radicales, qu'au contraire du groupe ECR (Conservateurs et réformistes européens) auquel adhèrent les élus du Fratelli d'Italia de Giorgia Meloni, Les Patriotes pour l'Europe devraient être exclus de l'action législative au nom du « cordon sanitaire » appliqué par les

1. Dieu ou Trump ?

autres ensembles parlementaires. L'un des six vice-présidents qui épauleront Jordan Bardella est le général italien Roberto Vannacci. En 2023, il a publié *Le monde à l'envers*[1].

Qu'y indique-t-il ? Petit florilège, extrait des travaux de la revue *Le Grand Continent*, éditée par le Groupe d'études géopolitiques (École normale supérieure) :

> Chers homosexuels, vous n'êtes pas normaux. Il faut s'en remettre ! La normalité, c'est l'hétérosexualité. Mais si tout vous semble normal, c'est à cause des intrigues du *lobby* gay international qui a banni des termes qui, il y a quelques années encore, figuraient dans nos dictionnaires : pédéraste, folle, inverti, tapette, emmanché, fiotte, tafiole, lopette, tarlouze, sodomite – qui sont aujourd'hui susceptibles de vous faire passer devant un tribunal.

Ou encore :

> Ils veulent déconstruire la société, parce qu'une société déconstruite est plus facile à diriger. Ils veulent briser la famille pour que les individus consomment plus. Qui ça, *ils* ? Les groupes de pouvoir. Les lobbies. Les groupes de pression sur différents sujets, des gays à l'idéologie verte. Si nous avons honte de nos racines, de nos héros, de notre identité, voire de notre progrès – diabolisé comme polluant – nous serons anéantis.

1. Roberto Vannacci, *Il monde al contrario*, 2023, publié à compte d'auteur et vendu à plus de 230 000 exemplaires.

Mais aussi :

Mussolini est un homme d'État, comme l'étaient Cavour, Staline et tous les hommes qui ont occupé des postes importants : c'est la première définition d'homme d'État dans le dictionnaire.

Enfin :

Que nous le voulions ou non, nous ne sommes pas nés égaux sur cette terre. Par conséquent, ceux qui arrivent en Italie devraient être immensément reconnaissants pour notre compassion et notre générosité. Paola Egonu [volleyeuse d'origine nigérianne] – est de nationalité italienne, mais il est clair que ses caractéristiques physiques ne représentent pas l'italianité.

Ah, j'allais oublier :

L'avortement est une nécessité malheureuse à laquelle les femmes sont obligées de recourir. Je ne crois pas que ce soit un droit. Je suis contre.

Ultralibéralisme, ultra-individualisme, ultrabellicisme, ultrapuritanisme, ultracontestation des libertés des femmes, ultrarécusation de l'État de droit, et ultradiscriminations... C'est donc *ça*, les compagnons de route du RN. *Ça* aussi, donc, que le RN de Marine Le Pen et de Jordan Bardella semble vouloir pour l'Europe et la France.

Postface
Quelque chose de “bien” devra impérativement sortir de cette épreuve démocratique
Laurent Berger

« *Ce moment historique de la démocratie est l'aboutissement d'une dissolution démocratique qui exige un sursaut démocratique.* » *La « page Macron » tournée, l'ancien secrétaire général de la CFDT Laurent Berger dissèque les* racines du mal *qui ont porté le Rassemblement national au seuil du pouvoir et menacent le pays de « désagrégation morale » et de « dislocation sociale ». Toutes cristallisent un dramatique dépérissement démocratique qui, paradoxalement, ouvre le champ des possibles. Apaiser, réconcilier et saisir « l'épaisseur » de la société, « considérer » de nouveau les citoyens, cultiver le compromis, solliciter contre-pouvoirs et corps intermédiaires, débattre du travail: voilà ce qui peut « sortir de bien », à l'échelle du pays… comme de l'entreprise – car un* salarié heureux *est un* citoyen ouvert et investi. *La nouvelle Assemblée (fragmentée), le prochain exécutif (morcelé), et le président de la République (déclassé) appelés à gouverner porteront l'immense responsabilité de réparer simultanément* société *et* démocratie. *Rien ne prédit que l'attelage attendu*

– inédit sous la Ve République – parviendra à dépasser le « choc » des adversités personnelles, des rivalités idéologiques, des calculs partisans et des ambitions frontales. Rien n'assure non plus qu'il échouera. Laurent Berger, irréductible « optimiste-raisonnable », veut y croire.

Denis Lafay. – « Ouf », avez-vous dû penser le 7 juillet au soir. Le couperet Rassemblement national est passé près. Le soulagement de l'instant ne doit pas occulter une lame de fond dont l'origine, les racines, les manifestations et les futurs débouchés débordent le cadre et l'échéance de ces législatives anticipées – il est même probable que le sursaut républicain n'ait produit qu'un sursis dans l'agenda de Marine Le Pen et de Jordan Bardella. Il ne doit pas non plus effacer l'immense défi démocratique auquel la nouvelle gouvernance, hétéroclite, est exposée. C'est ce que nous allons ausculter.

De sa genèse le 9 juin aux résultats du premier tour puis aux scénarios les plus probables – majorité absolue pour le Rassemblement national ou polarisation de trois pôles politiques peu propices à des alliances législatives et susceptibles de bloquer la gouvernabilité parlementaire et exécutive – avant le dénouement final, le scrutin législatif a plongé « toute » la France dans la fièvre. Pour quelles raisons doit-on considérer l'élection législative 2024 comme un moment historique, voire « tragique », de la démocratie ?

Laurent Berger. – Il y a un an, déjà je faisais référence à une « crise démocratique », et d'ailleurs le titre du livre que j'avais publié au printemps 2023, *Du mépris à la colère*[1], résumait bien ce qu'éprouvaient une partie des Français. Le moment en effet historique et tragique de cette élection législative est l'aboutissement d'une forme de « dissolution démocratique », puisque le vote massif en faveur du Rassemblement national est aussi un vote protestataire, l'expression d'une colère des citoyens contre le mépris dans lequel ils se sentent tenus par le pouvoir. C'est également un vote de détresses sociales sur des sujets comme la reconnaissance au travail, les difficultés de logement, les déserts médicaux, la raréfaction des services publics, etc., des inquiétudes quotidiennes auxquelles les Français ont le sentiment qu'aucune réponse à « hauteur de femme et d'homme » n'est apportée. Ce moment historique de la démocratie exige un sursaut démocratique.

Denis Lafay. – Protestataire, mais pas seulement. Le vote RN en 2024 n'est pas comparable à celui des scrutins précédents, et encore moins à celui en faveur du Front national. Au suffrage de « contestation sans risque » s'est substitué un suffrage d'« adhésion ». Comment la société et la politique françaises en sont-elles arrivées là ?

1. Laurent Berger, *Du mépris à la colère*, Paris, Seuil, 2023.

Laurent Berger. – Soyons honnêtes : tout ne va pas mal dans notre pays. Même dans des conditions qui peuvent être imparfaites, tout citoyen est soigné, a accès à l'école, bénéficie d'une couverture sociale, est défendu par la police, peut se tourner vers la justice, etc. Mais ce qui mine notre société, ce sont les inégalités sociales et territoriales. La protestation vient du fait qu'il existe des méthodes pour atténuer l'insatisfaction – sollicitation des corps intermédiaires, rôle accru des entreprises, consultations sociales et citoyennes, rôle des collectivités locales… –, mais que la gouvernance actuelle ne les mobilise pas. Au fil du temps cette protestation est demeurée, et à force de ne pas trouver d'issue, elle s'est muée chez certains en adhésion.

Denis Lafay. – En adhésion, c'est-à-dire que le suffrage électoral se joue désormais sur le terrain des « valeurs » ?

Laurent Berger. – Je le crois fermement. Notre République fonctionne sur un trépied de valeurs : Liberté, Égalité, Fraternité. Les deux premières occupent largement le débat public et politique ; mais qui se préoccupe vraiment de la fraternité ? Or d'elle découle notre capacité à vivre les uns avec les autres, ce qui, me semble-t-il, est tout aussi cardinal. Les valeurs du RN sont la négation des trois valeurs républicaines. Ses méthodes et son programme les déshonorent.

S'adresser à l'électorat RN réclame de repenser la démocratie, c'est-à-dire de la replacer dans sa vocation : écouter les citoyens et leur permettre de participer aux décisions qui les concernent. La démocratie est un équilibre entre l'exercice du pouvoir confié par le suffrage universel et la représentation des intérêts divergents qui traversent la société. Cette représentation mobilise la société civile, les corps intermédiaires, les élus locaux, les entreprises, et bien sûr les citoyens eux-mêmes, qui d'ailleurs expriment une grande volonté d'être acteurs de *leur* démocratie. À cette condition, ils prennent part à la réflexion, arbitrent en connaissance de cause, sont responsabilisés, adhèrent à la mise en œuvre même s'ils ne la partagent pas totalement, l'assument… Ils sont considérés en tant que citoyens de la démocratie et non plus comme seuls sujets ou consommateurs d'une démocratie représentative qui donne l'impression de ne s'intéresser à eux que pendant les campagnes électorales séparant deux scrutins. La démocratie, c'est proposer le pouvoir de vivre et le pouvoir d'agir. Si cette méthode de concertation et de dialogue – qui a fait ses preuves soit lors de conférences sociales, soit lors des conventions citoyennes sur le climat et l'aide à mourir – avait été adoptée dans le cas du débat sur les retraites, la réforme n'aurait pas provoqué une telle incompréhension, une telle colère, un tel sentiment d'injustice. Lesquels se sont traduits en suffrages pour le RN.

Denis Lafay. – Concrètement, que redoutez-vous dans les prochains jours, les prochaines semaines, les prochains mois ?

Laurent Berger. – La colère est si grande aujourd'hui, et la manière dont le RN l'entretient, l'enflamme et l'exploite est si délétère, que la priorité et l'urgence seront de réparer une société profondément morcelée, divisée, et, quelle que soit l'issue, meurtrie. L'enjeu des nouveaux gouvernants sera, *tout simplement*, de réapprendre à « considérer » les citoyens, de restaurer à leur égard une confiance devenue anémiée, et d'apporter des solutions à double hauteur : celle de leur quotidien, celle de la société dans son ensemble. Un défi, j'insiste, de démocratie.

Denis Lafay. – L'arrivée au pouvoir du RN, qu'elle s'effectue en 2027 – voire avant, en cas d'élections présidentielle ou législative anticipées –, marquerait-elle une bascule civilisationnelle ?

Laurent Berger. – La France est tout sauf le pays rabougri, en déclin, recroquevillé sur lui-même, en danger, que dessine l'extrême droite à des fins électoralistes. Elle n'est pas le pays du repli, de l'ostracisme, de l'exclusion, de l'autoritarisme que promet le RN. Elle est le pays de l'accueil, du débat contradictoire, de l'élévation des consciences, d'un modèle social solidaire. Elle est le pays des Lumières. Le RN au pouvoir, ce sera le basculement de la démocratie vers l'illibéralisme, puis vers une forme de totalitarisme. De la Russie de Poutine à l'Amérique de Trump en passant par l'Europe et la Pologne du PiS, la Hongrie d'Orbán, la Slovaquie de Fico, l'Italie de Meloni, ou les Pays-Bas de Wilders, les exemples ne manquent pas des dérives dont les « amis » du RN se sont rendus coupables. En effet, donc, le RN au pouvoir pourrait signifier un changement profond de société.

Denis Lafay. – Quelle responsabilité dans la « dissolution de la démocratie » le chef de l'État doit-il accepter d'endosser ? Voilà des années que vous exprimez votre dépit quant à son exercice personnel de la gouvernance.

Laurent Berger. – Je mentirais si je vous disais que je ne reçois pas de nombreux messages, y compris de députés Renaissance, m'indiquant que « j'avais vu juste depuis longtemps », qu'il « aurait fallu m'écouter plus tôt », que « la manière dont il se comportait avec la CFDT aurait dû alerter »... Je vais être franc : je m'en fiche et cela n'est plus le sujet. Je n'ai aucun compte à régler avec le chef de l'État. Les questions qu'il soulève sont, selon moi, derrière nous. Je suis focalisé sur maintenant et sur après. J'ai appelé évidemment à voter contre le RN, j'ai appelé ensuite aux désistements entre listes républicaines pour faire barrage, maintenant je souhaite que les forces démocratiques s'organisent, plus précisément s'entendent pour mettre en œuvre le plus essentiel : apaiser et réconcilier le pays.

Denis Lafay. – Apaiser et réconcilier le pays, certes. Mais comment ? Comme le déplore le philosophe Roger-Pol Droit, la haine cristallise l'élection autant que toute la société. Nos liens humains étaient abîmés ; à l'épreuve de cette élection, ils sont incandescents. L'hystérisation du *débat public* et le dépérissement du *débat politique* semblent inoxydables. Comment va-t-on soigner puis cicatriser la plaie ?

Laurent Berger. – Par l'abnégation. J'écarte l'hypothèse du RN au pouvoir, car elle aurait été synonyme de régression économique, sociale, morale généralisée en riposte à laquelle il faudrait prendre le temps de réfléchir. Dans le cas d'une Assemblée formée de majorités relatives, et en complément de ce que je viens d'évoquer, l'objectif sera de tourner davantage la performance économique vers les enjeux sociaux, sociétaux et environnementaux qui conditionnent la vie des citoyens et leur perception de la justice sociale ; d'élargir la marge d'initiative et de manœuvre des collectivités territoriales afin de régénérer la capacité et donc la volonté d'agir des citoyens – directement ou *via* les relais associatifs – ; de faire en sorte que les citoyens aient plus encore le goût de coopérer, de s'investir, de créer. Prendre le pouls de ce que je nomme « l'épaisseur de la société » sera plus que jamais fondamental.

Denis Lafay. – Ce qui requiert une méthode, plus encore un état d'esprit – que vous soutenez inconditionnellement – : le compromis. Or, tout comme la nuance, l'exigence de compromis peut-elle encore être audible dans notre époque morcelée, immédiate, technologisée, antagonisée ?

Laurent Berger. – Le compromis est la ligne de crête sur laquelle toute démocratie se déplace. Il signifie mettre en confrontation constructive – c'est-à-dire en écoute et en respect – des intérêts divergents, puis d'en tirer une solution acceptée par le plus grand nombre, et donc alors applicable. Il signifie qu'il n'y a pas de contradictions rédhibitoires, de camps gagnants et perdants. Il signifie que d'un désaccord peut sortir une conclusion fructueuse, qui embarque le plus grand nombre sur une voie raisonnable, équilibrée. Lorsque la démocratie s'écarte de cette ligne de crête, elle se met en danger.

La situation que traverse notre démocratie, et plus encore l'ampleur des sujets (climat, vieillissement de la population, intelligence artificielle, etc.) qui la défient, réclament peut-être comme jamais l'emploi du compromis[1]. Sans ambition ni même exigence de compromis, on ouvre les vannes à ceux qui le torpillent : les extrêmes.

Denis Lafay. – Emmanuel Macron n'est pas le seul responsable de la déstabilisation du pays, inéluctable depuis ces législatives ; cette responsabilité morale peut-elle être partagée avec l'ensemble des électeurs d'extrême droite ?

Laurent Berger. – En effet, on ne peut pas placer sur les seules épaules du chef de l'État la responsabilité de la « dissolution démocratique »

1. Laurent Berger et Jean Viard, *Pour une société du compromis*, La Tour-d'Aigues, l'Aube, 2024.

que je déplore. L'ensemble de la classe politique a-t-il toujours fait preuve de responsabilité lorsqu'il a caricaturé et empoisonné les débats démocratiques ? quand il les a soustraits au traitement de la complexité, à l'emploi de la nuance, à la qualité du dialogue contradictoire, en faisant preuve de simplisme, de démagogie, d'outrance ?

Je ne considère évidemment pas le RN de la même manière que ses électeurs. Le RN est un parti raciste, qui s'est construit dans l'antisémitisme, qui cherche à diviser, qui porte une logique totalitaire, et qui en réalité n'a d'égard pour la détresse de ses électeurs que ce qu'elle lui rapporte dans les urnes.

Denis Lafay. – Respecter scrupuleusement les électeurs du RN et comprendre leurs motivations, et réserver la diatribe aux hiérarques du parti : cette ligne de conduite devrait être celle de tout contempteur de l'extrême droite. A-t-elle ses limites ? Toutes les catégories d'électeurs du RN sont-elles d'égale considération ?

Laurent Berger. – Il me semble que l'électorat du RN peut être grossièrement réparti en trois groupes sociaux : celui des citoyens dépités, découragés, qui cherchent à tester une nouvelle solution possible à leurs tourments quotidiens et au sentiment que la République et la démocratie les ont délaissés ; celui des disciples de l'idéologie xénophobe, identitaire, raciste, protectionniste, nostalgique, eurosceptique, voire europhobe, qui constitue l'ADN du parti ; celui, enfin, d'une petite bourgeoisie recroquevillée avant tout sur son intérêt et prête à se mouvoir « dans le sens du vent ».

C'est au premier de ces trois groupes que je m'adresse. À ceux qui s'y retrouvent, pour la plupart des travailleurs qui aspirent simplement à améliorer leur quotidien, je dis que leur colère est légitime et qu'elle résulte d'un malaise protéiforme fondé sur une réalité ; mais croire que le RN va apporter la solution est illusoire, car espérer qu'il considère réellement leur sort est une erreur. Partout où l'extrême droite a occupé le pouvoir, l'économie s'est dégradée, les droits sociaux ont dépéri, les conditions de vie des travailleurs se sont délitées.

Denis Lafay. – L'« éminence » politique Emmanuel Macron est pour l'heure disqualifiée, sa formation politique est reléguée, le macronisme a peut être définitivement vécu. À l'égard d'une majorité de Français, il cumule de susciter le rejet et, maintenant, le ressentiment. Ce discrédit est susceptible de remettre en cause son autorité, son rayonnement de chef de l'État en France et à l'étranger. À quelles conditions peut-il encore les sauvegarder ?

Laurent Berger. – Il aura le devoir de considérer la situation en l'état, c'est-à-dire d'en comprendre l'origine, les causes, et d'en anticiper les conséquences. Ce qui signifie tirer avec honnêteté et clairvoyance les enseignements puis œuvrer, y compris contre son aura personnelle si cela s'impose, à assurer un fonctionnement et même un redimensionnement démocratiques.

Denis Lafay. – De ce qu'il a montré dans l'exercice de sa fonction présidentielle et de manière paroxystique au soir du 9 juin, est-il capable d'une telle remise en question personnelle ?

Laurent Berger. – Mais a-t-il d'autre choix ? Les urnes l'ont sanctionné, son crédit personnel et politique est contesté, il doit se conformer à la réalité selon les termes prévus dans la Constitution de la Ve République. Et il me semble que la situation est d'une gravité qui ne lui laisse pas d'autre option. Juguler tout risque de désagrégation morale et de dislocation sociale, préserver l'intérêt général, le bien commun, et les valeurs qui rassemblent : voilà ce qui doit désormais dicter son action à la tête d'un pays qu'il ne peut plus conduire suivant son bon vouloir.

Denis Lafay. – Emmanuel Macron prenant pour motif de la dissolution *nationale* sa déroute au scrutin *européen* ; la cartographie des rapports de force politiques à Strasbourg signalant une nouvelle progression des formations d'extrême droite ; l'issue des législatives… affaiblissent la France dans l'Europe. Rendent-ils l'Europe plus mortelle encore ?

Laurent Berger. – Ce contexte funeste est une réalité, mais elle ne doit pas en minorer une autre : l'Europe est toujours en situation délicate.

C'est intrinsèque à son existence encore jeune, toujours mouvante, exposée aux défis géopolitiques, environnementaux, sociaux, économiques, militaires qui concernent toute la planète. Les risques sont réels, mais il ne faut pas les surinterpréter. En effet, l'Europe est traversée par des digues politiques et institutionnelles qui la protègent. Ainsi l'ancien Premier ministre portugais, le progressiste António Costa, prend la présidence du Conseil européen ; sa candidature validée par les vingt-sept pays membres et à condition que le Parlement européen la confirme, Ursula von der Leyen poursuivra sa mission à la tête de la Commission européenne ; le futur président du Parlement devrait être issu des rangs de la plate-forme de coalition formée des conservateurs du Parti populaire européen (PPE), des élus Socialistes & Démocratie et des membres de Renew. Preuve que l'Union européenne est solide. Mais, comme l'est toute organisation humaine, elle n'est pas invulnérable. Sa consolidation implique le renforcement d'un modèle d'économie sociale de marché qui cultive le dialogue social, favorise radicalement la transition écologique, traite avec pragmatisme et justice les questions sociétales, se bat sans relâche pour les droits. C'est, là aussi, un enjeu de valeurs, comme Jacques Delors l'avait toujours très bien perçu.

Denis Lafay. – Ce que sont devenus le capitalisme, l'économie de marché, la gouvernance internationale, bref le corset macro-économique, constitue un terreau de vote RN… mais aussi à gauche, qu'elle soit sociale-démocrate, écologique, radicale ou extrémiste. C'est peut-être la démonstration que le libéralisme économique contemporain doit être repensé en profondeur. Est-ce un vœu pieu ?

Laurent Berger. – Fort heureusement, en France le système économique n'est pas ultralibéral. Fort heureusement, nombre de besoins sociaux sont pris en charge ; j'en veux pour exemple un dispositif de soin certes perfectible – la colère du personnel soignant le démontre –, mais qui soigne « tout le monde » et « bien ». Imagine-t-on ce qu'il serait advenu de la population si la pandémie de Covid-19 avait été gérée dans un régime ultralibéral ? Aurait-on gagné à s'inoculer le vaccin russe Spoutnik ? Bien sûr, l'économie de marché doit être davantage inclusive, mieux régulée, plus responsable des répercussions environnementales et climatiques, mais il existe une marge de manœuvre. Exiguë, mais réelle.

Denis Lafay. – Réelle, mais exiguë. Il est très improbable qu'à l'aune de ses caractéristiques – sans guère de frontières géographiques, de régulation internationale, de limite morale –, le libéralisme se réforme « de lui-même ». C'est peut-être au niveau micro-économique des entreprises que le salut peut venir ?

Laurent Berger. – Partout autour de moi je vois des entreprises, c'est-à-dire des corps sociaux réunissant salariés, dirigeants, et même actionnaires, déterminés ou déjà engagés à faire bouger les lignes. Dans quelles proportions ? Difficile à dire, bien sûr, car cette perception n'est pas mesurable et quantifiable. En tout cas, ces entreprises « sensibles » existent. Quant aux autres, il suffit d'activer des leviers contraignants pour les « convaincre ». Conditionner *vraiment* les aides publiques à des comportements vertueux en fait partie. Solliciter les entreprises, plus précisément leur (sens de la) responsabilité sociale, sociétale, environnementale, est la clé pour qu'ensuite le système auquel elles participent évolue.

Denis Lafay. – Les conditions de travail – dans lesquelles on se forme, on est reconnu, on exerce un métier, une fonction, une responsabilité, des relations humaines, une intelligence collective, une ambition individuelle et partagée – sont mises à l'épreuve. Dégâts du *lean management*, illisibilité des tâches et des centres de décision, quantification totalitaire, atomisation des collectifs de travail, excès du télétravail, effets pervers de la digitalisation… déshumanisent le travail et dégradent la justice sociale. Bien sûr, d'un cas à l'autre, rien n'est comparable ; toutefois, peut-on estimer que dans les réalités de son management, du dialogue social, des politiques d'emploi ou de rémunération, du partage des pouvoirs, de sa culture RSE… en résumé : *de sa démocratie*, l'entreprise peut être malgré elle contributrice du vote RN ?

Laurent Berger. – Ce qui est valable à l'échelle d'un pays l'est tout autant à celle d'une entreprise : il n'existe aucune solution « toute faite », et la réponse aux enjeux d'une entreprise passe par la confrontation intelligente des intérêts différents, voire contradictoires, qui la traversent, la questionnent. Cette confrontation s'effectue dans le cadre d'un dialogue social respectueux et soutenu, d'une gouvernance qui répartit les pouvoirs de manière plus équitable, et pour cela doit absolument donner toute sa place à la contribution des représentants des salariés et des autres parties prenantes. Ce qu'on peut désigner par démocratie d'entreprise.

Toute entreprise a une double responsabilité : envers ses acteurs (salariés, actionnaires), et vis-à-vis de l'extérieur (consommateurs, clients, territoire). Le meilleur tutoie le pire. Mais je veux insister sur ce qui distingue favorablement beaucoup d'entreprises ; elles sont plutôt un espace de tolérance, de reconnaissance, d'attachement, de dialogue et d'apaisement, un lieu où les différences se côtoient et collaborent, où la conflictualité est davantage cadrée et donc maîtrisée qu'ailleurs. Je ne fais pas d'angélisme : sciemment ou victimes de conditions macro-économiques qui les mettent en danger, des entreprises produisent précarité et mal-être ; mais, par nature, l'entreprise n'est pas le théâtre de la colère et surtout de la « peur » dont se repaît le Rassemblement national.

Denis Lafay. – En effet, un *salarié heureux* est – potentiellement – un *citoyen heureux*, et donc devrait être davantage que d'autres imperméable, voire hostile, aux thèses du RN.

Laurent Berger. – Heureux, et donc, en effet, plus enclin à prendre part à la vie de la cité. Pourquoi le vote RN est-il élevé dans certains secteurs du service public, par exemple chez les agents hospitaliers ? Parce qu'ils éprouvent le ressentiment de ne pas être considérés en tant que salariés, et donc ils vont l'exprimer par le suffrage. Être reconnu dans son travail, vivre dignement de son travail ne constituent évidemment pas un passeport d'immunité contre le vote RN, car d'autres biais participent à la tentation ; mais c'est tout de même un élément clef de distanciation avec sa rhétorique. Qu'on soit accompli ou malheureux dans son travail, on ne s'« ouvre » pas à sa famille, à ses amis, au monde extérieur dans les mêmes dispositions.

Denis Lafay. – Au cœur de cette logique domine le travail. Depuis plusieurs décennies, la réflexion sur le travail est phagocytée par l'enjeu de l'emploi. Le résultat du scrutin en est-il la sanction ?

Laurent Berger. – J'en suis convaincu. L'intérêt, l'attractivité de l'emploi sont indissociables du sens – donc des conditions – du travail. Mieux même : je pense que du travail dépend l'emploi, c'est-à-dire que des réflexions, des initiatives, de l'attention politique, publique et médiatique portée au travail découle la vitalité du marché de l'emploi. Et c'est d'avoir inversé l'équation que souffrent une partie des travailleurs. Lorsque le chômage était de masse, il était logique qu'on consacre l'essentiel de l'énergie à le juguler. Mais en période plus favorable, rien n'a changé. Cette erreur se paye cher dorénavant.

Pourquoi néglige-t-on de la sorte les vertus du travail : levier d'émancipation, de réalisation de soi, de fierté, de lien social, d'enrichissement sous toutes ses formes ? Surtout que cette carence ouvre la boîte de Pandore aux pratiques de stratégie d'entreprise, de management, de relations sociales qui malmènent la santé, psychique ou physique, des travailleurs et donc leur bien-être. À force de ne pas valoriser le « bon » travail, de dissimuler voire d'entretenir le « mauvais » travail, et de substituer au dialogue social responsabilisant des lois hors-sol, faut-il s'étonner que le travail se transforme en catharsis du malaise qui s'exprime dans les urnes ?

Denis Lafay. – Le RN a parfaitement entendu la souffrance exprimée dans le monde du travail. Pourquoi, finalement, serait-il moins crédible que d'autres pour y remédier ?

Laurent Berger. – L'amélioration de la vie au travail passe par le dialogue. C'est à cette condition que s'établit un compromis entre les intérêts contradictoires des détenteurs du capital et des détenteurs du travail. Qu'est-ce qui figure dans l'ADN totalitariste du RN, comme dans celui de toute formation politique extrémiste qui a exercé le pouvoir ? La non-reconnaissance des intérêts contradictoires – quels qu'en soient la nature, l'objet, le cadre, les enjeux. Ce qui, dans les pays qui ont été dirigés par l'extrême droite, s'est traduit par un arbitrage systématique en faveur des détenteurs du capital et au détriment des travailleurs, et par des attaques permanentes contre la représentation syndicale. C'est un fait. Qui peut donc croire qu'une fois aux manettes les dirigeants du RN dérogeront à cette règle ?

Denis Lafay. – Entre celles qui ont adopté une neutralité ou un silence encombrant, celles qui se sont exprimées du bout des lèvres, celles qui se sont embourbées dans des justifications absconses et incohérentes, celles qui ont exhorté (et celles qui se sont refusées) à voter contre le RN, celles qui ont prononcé des consignes de vote (et les autres), la cacophonie a régné au sein des organisations patronales et syndicales. Lorsque potentiellement 40 % de ses adhérents, de ses salariés, de ses clients votent à l'extrême droite, cela peut se *comprendre*. Mais cela s'*admet-il* ?

Laurent Berger. – Cette question recentre le débat sur les valeurs. S'il figure dans son identité et son histoire que les principes du RN sont contraires à ses valeurs, tout syndicat, patronal ou salarié, a la responsabilité de l'exprimer publiquement plutôt que de *faire le dos rond* et d'attendre que *l'orage passe*.

Denis Lafay. – Lors de la présidentielle de 2002, le président du Medef Ernest-Antoine Seillière avait appelé à faire barrage au Front national de Jean-Marie Le Pen. Vingt-deux ans plus tard, l'organisation patronale n'a pas réitéré l'appel. Mais la configuration n'était pas similaire. Il aura été objecté que le RN de Jordan Bardella « n'est pas » le FN de Jean-Marie Le Pen, que la proportion extrêmement différente de votants réduit la liberté de s'exprimer, et qu'un encouragement à faire barrage entretiendra « l'image d'élites économiques qui croient penser à la place du peuple ». Argument populiste que le RN exploite sans retenue.

Laurent Berger. – Je ne porte pas de jugement sur l'attitude du Medef, de la CPME, comme d'ailleurs de la CFE-CGC, la CFTC ou FO qui, elles aussi, ont choisi la neutralité. Je ne donne aucune leçon. Mais à mes yeux le silence est une faute, car j'ai une conviction : la gravité d'un tel moment commande d'être clair, surtout qu'en cas de majorité absolue du RN, ce n'aurait pas été à un orage, mais à un tsunami que le monde du travail dans sa totalité se serait trouvé confronté. Ce que d'ailleurs, isolément, des chefs d'entreprise et des collectifs d'entrepreneurs ont exprimé à leur manière, rappelant leur attachement aux valeurs (Europe, dialogue social, diversité, inclusion, enjeu climatique) niées ou combattues par le RN.

Denis Lafay. – Plus globalement, du bouleversement voire du chaos politique et démocratique promis depuis le verdict des urnes, « quelque chose de bien » peut-il sortir ? Par exemple, une première expérience de coalition de gouvernement – que l'ex-secrétaire général de la CFDT défenseur de la culture du compromis à l'allemande devrait observer avec attention ?

Laurent Berger. – Obligatoirement « quelque chose de bien » *devrait* et *devra* sortir de l'épreuve. *Devrait*, car notre démocratie est tombée si bas qu'elle ne peut que se ressaisir. *Devra*, car l'avenir même de la démocratie est à cette condition. Les forces politiques appelées à coopérer dans une possible coalition et à assurer une transition républicaine responsable devront s'entendre sur quelques grands chantiers susceptibles de faire consensus, qui me semblent être : dans l'urgence, réduire les fractures qui ont lézardé la société, apaiser et réconcilier ; endiguer tout risque de crise de régime totale ; définir un cap économique et social à la fois performant et inclusif ; définir une stratégie environnementale à même d'entraîner massivement au sein de la population ; rendre à la société du « pouvoir d'« agir ». Sont-elles capables de dépasser les dissensions traditionnelles et surtout les calculs politiques mesquins dont elles sont friandes ? Je veux le croire.

Denis Lafay. – Désormais, comment allez-vous exprimer votre responsabilité, votre engagement, votre devoir de citoyen et d'acteur de la démocratie dans le débat public... et politique ? Vous affirmez invariablement que votre place n'est pas dans l'arène politique : ce qu'il adviendra de la démocratie pourrait-il vous amener à réviser votre position ?

Laurent Berger. – Ces dernières semaines, dans de rares médias que j'ai retenus dans une foule de sollicitations, je me suis exprimé sur la dissolution, j'ai appelé à faire barrage au RN, puis, entre les deux tours, j'ai exhorté au désistement systématique pour augmenter les chances de victoire des candidats « républicains » contre leur adversaire RN. Mais j'en reste là. Jamais je n'ai cru au fantasme de la femme ou de l'homme providentiels. Comment l'aurais-je pu, moi qui ne jure que par le collectif? Ma vie professionnelle post-CFDT me comble, elle est une autre manière d'apporter ma contribution aux enjeux environnementaux, économiques, sociaux et de démocratie.

Table des matières

Pour limiter l'empreinte environnementale
de leurs livres, les éditions de l'Aube
font le choix de papiers issus de forêts durablement
gérées et de sources contrôlées.

Achevé d'imprimer en juillet 2024
sur les presses de l'imprimerie Firmin-Didot
pour le compte des éditions de l'Aube
331, rue Amédée-Giniès, F-84240 La Tour-d'Aigues

Numéro d'édition: 6457
Dépôt légal: août 2024
Numéro d'impression: 180984

Imprimé en France